诸葛亮的启示

曾仕强◎著

河北人民出版社

图书在版编目（CIP）数据

诸葛亮的启示 / 曾仕强著 .—石家庄：河北人民出版社，2017.8

ISBN 978-7-202-12256-3

Ⅰ．①诸… Ⅱ．①曾… Ⅲ．①人生哲学－通俗读物
Ⅳ．①B821-49

中国版本图书馆 CIP 数据核字（2017）第 190145 号

书　　名　诸葛亮的启示
作　　者　曾仕强

责任编辑　杨寅红
美术编辑　于艳红
封面设计　今亮后声
责任校对　付敬华

出版发行　河北人民出版社（石家庄市友谊北大街 330 号）
印　　刷　北京楠萍印刷有限公司
开　　本　710 毫米 ×1000 毫米　1/16
印　　张　12.25
字　　数　126 000
印　　次　2017 年 8 月第 1 版　2017 年 8 月第 1 次印刷
印　　数　1-5 000
书　　号　ISBN 978-7-202-12256-3
定　　价　42.00 元

目录

上编 躬耕南阳

中编 辅助刘备

上编
躬耕南阳

诸葛亮是中华民族智慧的象征，也是忠义的楷模，“鞠躬尽瘁，死而后已”已经成为历代有志之士的座右铭。公元207年，他出山辅佐势单力薄的刘备，先与孙、曹逐鹿中原，后与司马懿对峙多年。正是他的智慧，让原本无立锥之地的刘备走出困境，得到荆、益两州，三分鼎足，成就了帝业；也正是他的智慧，使庸主刘禅能稳坐江山，长期与强大的魏国抗衡，让司马懿“畏蜀如虎”。而躬耕南阳时，诸葛亮还只是一介书生，即被当时的大名士庞德公称为“卧龙”，司马徽赞其为“识时务的俊杰”。那么，诸葛亮在南阳做了些什么呢？他躬耕南阳的经历又给我们什么样的启示？

深厚的文化修养

很多人喜欢看书，可惜不会选择好书，结果看了一大堆乱七八糟的书，反而害了自己。为什么这样说呢？因为现在大家很痴迷于求新求变，以为书上这些乱七八糟的观念才是新的，从而相信这些观念，因此贻误了很多人。

很多老师很会教书，也有爱心，但是他们只会讲故事和教知识，不懂得什么叫道理。而我们了解历史最主要的目的就是从历史故事和史实中吸取经验，归纳出我们所需要的道理，用来解决人类当今与未来的问题。这就是为什么有许多学生看起来学富五车，但有时候又完全没有常识，这是现代人非常可悲的地方，也是现代教育需要反思的地方。

诸葛亮之所以了不起是因为他有智慧。他的智慧体现在哪里呢？

第一，他不像一般人那样读书。一般人为考试而读书，读得很仔细很熟练。但是我们发现考试考得越好的人进入社会就越没有什么贡献，因为他读了太多的答案，进入社会之后却发现现实生活中遇到的问题和书上的答案不一样，这样做不行，那样做也不行，怎么做都不行，因此什么都做不了。诸葛亮曾说过自己读书只是“独观大略”，即大事上看一看。但那不是马虎吗？当然不是，他是抓住要点，抓住重点，然后权衡利弊去随机应变。

很多人看过《三国演义》，也有很多人在研究《三国演义》，可以说，《三国演义》对中国人的影响可能远远超过了《论语》。也许有人会说，“不会啊，像我就没有看过《三国演义》”。我倒劝各位，把它当作你个人的秘密，不要说出来，因为说出来就表示你根本不知道自己要读什么书。

从隋唐开始，《论语》逐渐成为科举考试的教材，被历代统治者当作禁锢知识分子的思想、稳定社会的工具，而大部分读书人也只是拿《论语》来应付考试，并不懂得其中的道理，这是非常可悲的。而不看《三国演义》，我们对世道人心就会很陌生。我没有讲人情世故，讲的是世道人心，这是因为世道人心是最珍贵的中华文化，可惜从秦汉以后就逐渐不见了。所以说，我们已经陷入一种十分尴尬的境地——我们一直是一个非常重视道德教化的民族，但是，今天的中国，大家几乎都在抱怨，人心不古，道德沦丧，世风日下。

特别是宋明理学的兴起，使很有弹性、很灵活的智慧整个僵化了。人不能不理性，但是过分理性，就完全没有了人情味。

人如果没有人情味，那还算人吗？像这些话现在很多人都不敢讲，这是很大的遗憾。三国听来听去，好像只有三个国家，其实有四个国家。一个是大家都知道的，曹魏，另一个叫蜀汉，刘备始终把复兴汉室作为自己的使命，是什么道理？是因为诸葛亮的缘故。还有一个是东吴。最后一个国家是西晋。曹操与刘备、孙权，这三个人，用现在的话来说，曹操是革新派，曹操之所以留下那么坏的名声，是因为他太重视创新；刘备是保皇党，他太保守了；孙权与其说是国王，还不如说是今天的技术官僚。三国中，真正成正统的、有使命感的只有诸葛亮。

朝代更替只是一种历史现象，那不是我们最主要的历史精神，我们最主要的历史精神是中华民族始终坚守的圣贤之道，这是我们五千年中华文化的精髓。诸葛亮和汉献帝同年生、同年死，这是历史上的一个巧合，但也产生了诸多联系：汉献帝在皇宫里面一筹莫展，希望外面的忠义之士赶快来解救他；诸葛亮历尽千辛万苦地想要匡复汉室，但是最后“出师未捷身先死”。

从某种意义上说，诸葛亮是个失败的人。但是凭良心讲，在《三国演义》所有的人物里面，我们最敬佩的人就是他。我附带要说，我最喜欢的人是谁？是张飞。因为大部分人都跟张飞一样，怎么会不喜欢他呢？《三国演义》不是历史，也不是故事，它是把中国的世道人心完整地呈现出来，这才是它的最高价值。

东汉末年为什么会那么乱？两种人作乱。一个是外戚。外戚是谁？就是皇帝母亲的亲戚。因为那时候皇帝的年纪还很小，什么都不懂，母亲就在后面垂帘听政，可是母亲也不懂啊，于是就把她的亲戚找来。皇帝长大后就觉得不对，我这个皇帝是假的，实权在母亲和外戚手中，这怎么得了？他就想找人来对抗母亲和外戚。找谁呢？他敢找丞相吗？丞相也是母亲和外戚任命的，如果和他们合不来，早就被换掉了，找来找去，只有一种人可以倚靠，那就是太监，即宦官。所以宦官跟外戚之间的斗争是必然的。因为皇帝别无选择。当皇帝别无选择的时候，他只能走上这条唯一的道路。因此，各位可以明白了，东汉末年的几个皇帝年龄都很小，外戚和宦官轮流操纵朝政，皇帝形同虚设，政治腐败，经济崩溃。所以说，历史不是偶然的，是必然的。

一个优秀的领导者，一定要见微知著。有些领导在做决策之前，一般会要求数据准确，信息充足，殊不知，此时这些信息已经毫无用处了，因为等你把所有的信息都搜集齐备，已是时过境迁，这些信息都已过时了。一个领导者，一定要能根据少量的信息做出正确的判断，否则就跟不上形势的变化。

所以，一个人懂得多少不是最重要的，重要的是能不能用所学的知识分析千变万化的社会问题，从而做出一个合理的决策，这才叫智慧。现在的人很重视知识经济，我倒希望大家去想一想，什么叫知识经济。知识经济，通俗地说就是我一知半解，但是总比你不懂要强，所以我就把一知半解的知识包装成新的知识来骗钱。这次的金融风暴就暴露了知识经济的一个弊端，一知半解的人把自己包装成专家，然后去骗那些不懂的人，这是非常可怕的事情。可是长期以来，我们一直认为这是正确的。

诸葛亮的领悟力很强，我在这里说一下，一个记忆力很强的人，他最好去做西方人，因为西方人需要背诵很多条条框框，然后根据这些条条框框去做事情。只有领悟力强的人，才有资格做我们东方人，因为东方所有的知识都是靠领悟习得的，你悟性不强就想懂得中国人的事情，我看这非常难，所以现在我们多半学习西方的文化，这使我们领悟力越来越弱，这不是个好现象。

诸葛亮去世了以后，大家对他的评价怎么样？很高。一个人活着的时候别人怎么评价，其实并不重要。因为只有死后，人们才知道他生前的所作所为到底是对的还是错的。一个人死前了不起，死后被骂得一塌糊涂，那就表示他所做的都是错的。

“七擒孟获”写得非常热闹，让我们觉得诸葛亮好像是个半仙，实际上诸葛亮是一个实实在在的人，只不过他是个通才，天文、地理、人文、历史等各种知识，他都融会贯通了。我想作为一个政治人物，你要为人民群众服务，不一定要有什么专长，就好像我常说总经理不一定要有专长一样，一个总经理最好跟所有经理说，你们有专长，所以当经理，我没有专长所以当总经理，对不对？总经理，英文叫作“general manager”，这个“general”就是一般、普普通通的意思。总经理应该是个通才，而不是专才，否则他就会带有很强的倾向性，很容易偏激。而干部应该是能兼顾各方面的“专”，而不是单一的“专”，否则几个人都偏到某一方面去，忽视其他方面，也等于为自己设置一个陷阱。如果领导和干部都是“专家”，那么这个团队是不周全的，就像一个不完整的人，很难健康发展。一个正常的团队，要能面面俱到，你不能指望领导做到这一点，他也不可能做到，而是要有一个由各种专家组成的完备的团队，他们可以从各自专业的角度提供科学的建议。

领导要尽量把自己变成通才，千万不要总强调自己的专长，可以说，领导只要有专长，就会有偏见，这是很麻烦的事情。做任何事情只要做久了，就会有职业病。一个搞财务出身的总经理，经常会陷入财务危机，因为他做什么都要先考虑财务，而财务应该是财务经理负责的，不应该是总经理考虑的事情。

现在的人根本不懂得这个道理，认为自己财务干得这么好，就可以当总经理，然后害死一大片人。诸葛亮则不同，他是个政治家、军事家，事实上他也是个文学家，更准确地说，他是将理论运用到实践中的通才。

准确的人生定位

《三国演义》把诸葛亮美化得很厉害。很多外国人跟我说，你们中国人很奇怪，塑造的人物要么非常聪明，要么非常愚蠢；要么非常漂亮，没有一点儿缺点，要么非常丑陋，一无是处，怎么那么极端化?

中国人不崇拜英雄，很少有人对别人特别服气，所以在中国要出名非常困难。好不容易有一个典范，一定要加以美化、包装。两千多年来只出了一个孔子，难道孔子以后真的没有一个人比他厉害吗？也不一定，只是人们都不服气，不让其成为典范。诸葛亮可能本身并没有那么厉害，是后人不断地把自己的智慧加在他身上，把他塑造得很有智慧。

诸葛亮是琅琊阳都(今山东临沂市沂南县)人，很巧合地跟汉献帝同年生、同年死。汉献帝一生一筹莫展，一直都希望有诸葛亮这样的人来解救他。诸葛亮一生又始终以匡复汉室为目标，最后却出师未捷身先死。从这个角度看，诸葛亮是失败的，但是在《三国演义》所有人物里，我们最敬佩的仍然是他。

诸葛亮终年 54 岁，其中以 27 岁为分水岭，生活被分为前后截然不同的两段。27 岁以前有两个特点：第一，身逢乱世。旱灾、水灾他都经历过。我们奉劝现代人要把历练跟经历区别开来。历练和经历不一样，历练是要吃一些苦的。如果一个人“不知民间疾苦”，就很难体会成功的重要性。中国有句话：“吃得苦中苦，方为人上人”，孟子也说过：“天将降大任于斯人也，必先苦其心志，劳其筋骨，饿其体肤，空乏其身，行拂乱其所为，所以动心忍性，增益其所不能”，说的都是这个意思。日本企业非常重视干部和员工的历练，它们开设了“魔鬼训练营”以锻炼干部和员工。“魔鬼训练营”最大的目的不是给你提供什么东西，而是让你知道活在世上有多少困难。所以，干部要多加历练才能开阔眼界，增长知识，积累经验，应付各种各样的困难。如果一个人没有历练，最好不要当领导，如果当了领导他会耽误很多人，因为他不知民间疾苦。即使他想做好事，也不知道从何下手以及如何下手。

但诸葛亮不一样，他吃尽了苦头。从小母亲就去世了，父亲娶了个继母，继母很坏，没多久，父亲也去世了，诸葛亮就成了一个四处逃难的孤儿。因此，他从小就知道，“这是一个动乱的时代，我这辈子不是来享福的”，所以他一辈子都保持着一种很宁静的心态。第二，他知道自己不是来当皇帝的。当时，大家争着做皇帝，你争我夺的结果就是烽烟四起，兵荒马乱，民不聊生，三国时代的人口数量也因此减少了一大半。他知道，如果还有人想当皇帝的话，那遭殃的老百姓将会更多。

一个人能知道自己这辈子要干什么是很了不起的。诸葛亮熟读历史，懂得有明君还不够，如果没有贤明的丞相辅助他，这个明君还是会糊涂的。历朝历代很多君王，在没有登基以前，都是立志要做明君；登基之后的一段时间还算得上是一位明君，但是没多久就变成昏君了。为什么会这样呢？因为权力使人腐化，这是自古以来无法改变的规律。比如曹操，大权在握之前可以称得上是英雄豪杰，最后却变得很可怕。因为想要当丞相，诸葛亮的学习目标就锁定了两个人：一个是管仲，一个是乐毅。诸葛亮从小学问基础非常扎实，因为他很早熟。凡是在那个动乱时代受到历练的人，多半看问题会比较深入，思想会比较成熟。

淡泊明志的心境

诸葛亮一生明明只有两个阶段，为什么我们要把它分成三个阶段？因为我们是深受传统文化影响的民族，信奉“三”，无三不成礼。西方是二的文化，我们则是三的文化，“三”这个字要念“参”，即大家都来参与。

什么东西都把它分成三份。所以，我们把诸葛亮的经历也分成三个阶段。一个阶段是27岁以前，他勤奋学习，用各种知识充实自己，为以后的“平天下”做好充分的准备，然后明确自己的目标，用两个字来说，就是 “定位”。我相信现在大部分的人没有定位的意识，遇到什么就做什么，你把我放在哪个位置，我就做什么事情，定位不够清楚，这是一生痛苦的源头。而诸葛亮从一开始定位就很明确。他这辈子绝对不当皇帝，他只当一个贤能的辅政大臣。然后他就开始去准备了。

诸葛亮出生在山东琅琊山脚下的沂水县。一个人没有名气的时候，你是哪里人谁都不关心，你是哪里人又怎么样，你说你是我的同乡，我心里想同乡算什么。但是当一个人出名了大家就开始争了，他是我们这里的人，他是我们这里的人，到处都在争论他出生在哪里。所以一个人的价值不是体现在活着的时候，而是体现在死了之后是否能得到人们的推崇和认可。

诸葛亮身高六尺四，是一个标准的山东汉子，他父亲娶了个继母，却很快就去世了，继母怎么办？能不能说我们都不是你亲生的儿子，我们不管你，不能。在封建社会，中国人是很讲道义的，父亲的事就是儿子的事，不像现在，父亲的事和儿子无关。所以长兄诸葛瑾就扛起了赡养继母的责任，在孙权那里做官。这样，他们兄弟一个在东吴，一个在襄阳，兄弟中几个小的，就跟着叔父诸葛玄到刘表这里来谋职。

刘表是个不敢做事，也不知道怎么做事的一个人。他有地盘，但是没有能力，因此，诸葛亮出山，根本不会去找刘表。因为他看到叔叔在刘表那儿是有力使不出来，只好每天早上签到，下午签退，什么都不敢做。所以诸葛亮最终待在一个地方，这个地方非常有名，叫隆中。他待在隆中耕田，做一个实实在在、老老实实的农夫，这有什么好处？进可攻，退可守。所以，当一个人还没有确定你的舞台在哪里之前，最好不要着急，找到一个进可攻，退可守的地方，静下心来，等待时机。

诸葛亮选择待在隆中，隆中有什么特殊的地方？首先，隆中的地理环境特殊。我一直认为地理环境会影响一个人。比如“山不高而秀雅”，山太高也很麻烦，平时大家都不去，只有下雪的时候，大家都一窝蜂地到峰顶去，然后挤得一团糟。“水不深而澄清”，高雄有一个澄清湖就很美。隆中地不广，但是很平坦；林子不大，可是很出名，它很靠近当时的荆州。荆州是个军事要冲，是一个南来北往的必经之地，所以诸葛亮身居隆中，足不出户，消息却非常灵通。说到这里，大家应该想到中国台湾。台湾岛很小，全世界的资讯却可以迅速地进来，如果南部知道，北部也会知道，中部也会知道。不会像其它面积很大的地方，有的北方知道，南方不一定知道，南方知道，东方又不知道。可以说，全世界资讯在这里可以得到最便捷地交流，我们不一定是世界的中心，但是我们资讯交流快捷，这是我们很重要的一个长处。隆中就有这么个好处，它是都市旁边的农村，闹中取静，对当时所有政治变化、军事变化的消息都非常灵通，否则，诸葛亮再怎么用心也没有用。

诸葛亮虽然生活在乡下，但是他有抱负，只要有机会，他是要参与政治的，所以，他对当时的政治事务了如指掌。他跟徐庶、石广元、崔州平、孟公威、庞统，还有另一个大名士水镜先生组成了一个智囊集团。水镜先生，可以说是他们这个智囊集团的一个领导，这个集团的安排和运作几乎像一个国家的运作一样。

虽然《三国演义》的确渲染了诸葛亮的智慧，但是我们照样可以用科学来解释。舌战群儒，诸葛亮真的那么厉害吗？没有，他只是准备工作做得很充分而已。他虽然身在隆中，但是清楚地知道所有活跃在政治舞台上的人，并对他们逐一地做个案的研究。所以，虽然诸葛亮才28岁，单枪匹马来到东吴，东吴所有的将士都想把他打倒，想让他难堪，他却从容淡定地一个一个地说出你是谁，他是谁，你从小怎么样，他怎么怎么样。可见，一个人基本功必须扎实，基本功不行就上台，那后果是很难堪的。如果诸葛亮第一次去见江东群儒就被他们弄得哑口无言，那你当初下山干什么，简直就是自讨没趣。草船借箭和借东风也并不神秘，只是利用了点儿天文科学知识而已。刮西风的时候，偶然也会有一段时间是刮东风的，诸葛亮只是抓住了这个诀窍而已。

"鞠躬尽瘁，死而后已"是诸葛亮最了不起的精神。我必须要说，现在的人还是像诸葛亮的比较多，像刘备的比较少，尤其是在中国台湾地区，诸葛亮非常多，就是到现在还没有出现过一个刘备，所以诸葛亮都在田野上，在各行各业中，台上没有一个诸葛亮。诸葛亮淡泊明志，淡泊就是不追求功名利禄。老实说，一个人有没有抱负，要不要为人民服务，就看你名利心重不重。只要名利心重，你再怎么说都没有用，全都是假的，说漂亮话而已。因为"名利"

两个字，会使一个伟大的人变成一个卑鄙的人。因为谁都超越不了这两个字。我再说一遍，老天要考验一个人，就用这两个字来考验他，他名关过得了吗？利关过得了吗？大部分人两关都过不了，你看很多人活到五六十岁、七八十岁，满口都是“钱钱钱”，有的人名片拿出来，一页印不完，印两页，这是做什么嘛！他们就是过不了名利关。

宁静才能致远。诸葛亮能看到10年、20年、50年以后的事情，否则他怎么能几句话就把刘备说动了，这就表示他心里很平静。“我当不当丞相无所谓，我下不下山不在乎”，一个人只有有了这样的一种心态，他才会很冷静地看到事情的本质和精髓。现在的人都热衷展望未来，你看美国人所做的长期计划，不过是三五年，就三五年他们都觉得很长了，我们不要上这个当。中国人考虑的都是千秋万世的基业，三五年算什么。一千七百多年以来，讲到诸葛亮只有说他好的，没有说他坏的，他是个失败者，但是我们用一句话来赞美他，叫作“不以胜败论英雄”，这样你就知道中国人的厉害了。要贬低你的时候就说“成者为王，败者为寇”，要捧你的时候就说“不以成败论英雄”，这就是智慧，不是知识，跟知识无关。

我觉得，我们一生只做一件事情，出生就是原点，然后画一个曲线，画完人就走了。不管你是谁，就做这一件事而已。从娘胎出来找到原点，就开始画自己这一生的曲线，画到哪里算哪里，画完就走了。颜回就是画到三十几岁就走了。有的人画得很高，一下子掉下来，走了。每一个人最后的结局都是相同的，四个字——不了了之。不了了之，你能怎么样，因为根本由不得你。你看以诸葛亮的智慧，以诸葛亮的远见，以诸葛亮后来得到的机会，最后都说汉室的气数已尽，所以很多人说诸葛亮是法家，我不以为然，他是孔子的信徒，他一生只做一件事情，尽人事，听天命，所以他完全没有遗憾。

诸葛亮的一生，27 岁是个关键，因为碰到了刘备。他鞠躬尽瘁，就是报答刘备提供给他表现的舞台，如果他没有碰到刘备，他将心安理得地永远做个农夫，做个很平凡的人，宁可老死山林，也不愿意参与政治。我相信现在大家都很清楚，当人家要破格提拔你，突然给你加薪，你就知道你要准备坐牢了。所以，我们得到一个很大的教训，不要期望得到破格的提拔或加薪。

诸葛亮就是这样的人，没有好的老板，我宁可一辈子默默无闻，总比去坐牢好。

明确的理念导向

刘备三顾茅庐请诸葛亮出山，而诸葛亮早在未出山之前，就从战略上对全局做了十分深入的研究，并已做好了天下布局的计划。因此，诸葛亮才会在跟刘备分析当时的形势，以及站在刘备的立场为他做未来的整体规划时，能一下说到刘备心里，使他自然而然地接受自己的建议。因为他们谈话的地点在隆中，所以大家都称诸葛亮的这些建议为“隆中对”。

诸葛亮首先指出：曹操打败袁绍之后，已经拥有百万军队，又挟天子以令诸侯，不适合与他正面冲突。接着说孙权据有江东，已历三世，地势险要而民心归附，也很难抢他们的地盘，可以与他合作。然后才对刘备说有一块土地，好像是上天特别留下来给他使用的。那就是荆州和益州，面积也不小。

刘备虽然胸怀大志，却对天下大势并不十分了解。刚开始他以为曹操打不得，孙权不能打，自己已经毫无希望，不免有一些伤感。忽然听到还有荆州和益州，不觉眼前一亮，连忙请教，如果这样的话，要怎样规划才有发展。

诸葛亮停一下，想知道刘备的反应如何。若是刘备只想拥有荆州和益州，造成三国鼎立，便心愿已足，他实在没有必要下山，做这种没有意义的事情。三分天下只是一种手段、一个过程，不应该是目标。幸好刘备也这样想，诸葛亮才提出三国鼎立之后的远程规划，主要有两点。

第一，联吴抗曹，这是基本策略，不能轻易改变。

第二，待时机成熟，分东、西两路北伐。东路由荆州出发，西路由益州出发，使曹操不得不分散兵力。如果孙权再加兵支援，则霸业可成，汉室可兴矣。这才是远程的目标。

短短几分钟，诸葛亮把曹操和孙权的势力与地盘，进行了明确地归纳，指出荆州和益州才是刘备的用武之地。三分天下，曹操靠天时，孙权占地利，刘备必须善用人和。刘备非常兴奋，只提出了一点疑问：荆州刘表、益州刘璋，说起来都是汉室宗亲，他怎么忍心抢夺这些地方？诸葛亮三言两语就把这个问题说得十分透彻，让刘备更加安心。

如果一个人不能在三五分钟之内把一件事情说清楚，就表示他对事情的本质还不能充分掌握，这时候再怎么说来说去，也只是在枝枝节节上面兜圈子。再复杂的事情，也要在三五分钟之内说明白，才显得抓住了根本。诸葛亮若是啰啰唆唆，讲个没完没了，恐怕刘备也听不进去。说不定敷衍一下，客套地邀请诸葛亮出山，诸葛亮一客气，也就不勉强。三顾茅庐的结局，就成为空欢喜一场。

预测未来，只可以说出大方向，不适合涉及细节。因为变数太多，过程很可能难以预料，说多了反而不准。但是大方向不会改变，只要看得准，说出来就不会错，便是料事如神。“隆中对”把今后天下的大方向说得十分明确。刘备是局中人，心里更明白，诸葛亮所说的势在必行，只是以往自己进退无据，才浪费了这么多时间。诸葛亮带着完整的战略，又与刘备事先建立共识，准备妥当，在刘备诚意相邀的礼遇下出山，可以说是戏未上演先轰动！

人是观念的动物，这个特征对于中国人来说尤为明显，中国人一旦形成了某种观念，自然而然会在这种观念的指导下表现出相应的行为。因此，管理中国的团队需要从调整观念开始。在管理中国的团队时，面对困境一味地急于求成是没有用的，因为对于团队中的中国人而言，如果只是通过外在的压力来进行宣导和沟通，通常是无济于事的。相反的，一旦使团队成员从内心深处认同你所倡导的行为，那么任何事情都会发展顺利。因为，凡是中国人心甘情愿做的事情，他们都不会计较其中的艰辛和困难，反而会视其为某种挑战，进而充满无穷的动力。

换言之，一个真正的领导，不会规定下属做什么、怎样做，而是促使其自发地表现自己。从这个层面上来看，中国人在自动自发的时候，可以成为世界上最优秀的人，而当他们被迫做某些事的时候，又可能成为天底下最糟糕的人。团队的领导者要激发出团队成员合理的行为，打造出协同一致的团队，其首要的工作在于培养团队成员自主自发的观念，建立共识，行为才会一致。

所以，一个领导者要对管理有整体的概念，并以理念导向来统合各种导向。理念导向，就是以管理大道来引领管理，它们是全面的、整合的，是不可分割的。纵观大局，倘若领导者可以将理念导向作为自己管理行动的基石，那必然会在不久的将来收获意想不到的效果。

刘备能够率领蜀汉集团，取得与曹操、孙权三分天下的霸业，离不开诸葛亮隆中对的战略分析和大局统筹。可惜后来基本策略有所改变，后半段的规划更是无法完成。但树立一个整体的战略理念，对企业的发展至关重要。领导者必须先定下关系全局的战略方针，将未来整个行动的大方向了然于心，才能更好地运筹帷幄，统掌全局。

审慎地选择领导

诸葛亮27岁下山，飞黄腾达11年，然后就开始在蜀国挣扎，最后十几年熬到头发白了，胡须白了，牙齿松动了，说话有气无力的，然后说气数已尽了，就不了了之了。我想我说的这些是没有人能够例外的。我们常常说，每一个人都不同，其实每个人在这方面是完全一样的。诸葛亮短短的54年，大家应该感觉到了，整个时代由他一个人掌控。各位可以假设一下，关羽和诸葛亮都投奔曹操的话，还有没有《三国演义》这个故事？《三国演义》就不存在了，历史就因此而改写。如果关羽和诸葛亮都投奔曹操，曹操三年之内必将统一全国，老百姓也就可以减少很多的死伤，所以诸葛亮下山到底是对还是错，没有定论。但是你如果现在去问诸葛亮，如果让你重新选择，你会不会下山，我相信他还是说会，为什么？这恐怕只有中国人才懂，为了“正统”这两个字，不惜抛头颅、洒热血。外国人是没有什么正统的。他们只会赚钱，他们赚了很多钱就创立什么富人排行榜，中国人则不同，我们一直信奉“财不外露”。

诸葛亮没有投奔曹操，老实说，那时候的曹操已经成气候了，想要做大事的人一般都把目标锁定曹操，你看多少人都是奔曹操而去了，多少人因为战乱而跑到江南，最后都把行李打包回中原去，回去才知道碰到曹操倒霉。诸葛亮没有跟他们一样，他了解曹操，知道曹操的理念和自己是不合的，他去曹操那儿只有痛苦，没有好处。徐庶就是这样，他被曹操骗回去以后，终生不献一计。他这样折磨自己干吗呢？倒不如当时就隐居起来，过着自由自在的生活，多好。

诸葛亮不依附孙权，他说了一句话，很值得我们玩味。他说：“孙权知道我的长处，但是他不会让我放手去做，我只是他的奴才，我不要做他的工具，我宁可不投奔他。”这种人现在很少，就是因为我们找不到一个可进可退的地方。全家人都出来找工作，这种家庭是很困苦的，现在连请假也不敢，连迟到也不敢，最近大家都非常客气，不是修养好，是怕被老板辞掉，这种人多痛苦。诸葛亮不依靠刘表，虽然他们有比较深厚的感情，他知道在刘表那里只能是尸位素餐，混一口饭吃，那不如在家做个自由自在的、老老实实的农夫。

刘备很可怜，快50岁了，过着颠沛流离的生活，即使有关羽和张飞辅助他，文有孙乾，武有糜竺，依然成不了大事。其实，有人才也不见得就是一个很好的团队，有可能你没有军师，没有参谋。所以，刘备才会那么虚心地去拜访一个乡下人。看起来他多少有点儿委屈，就是他自己也感到了这一点，所以他说，我有文臣武将，也有身份地位，名片拿出来也很漂亮，就是没有立足之地，说难听点儿，整天被人家赶来赶去，但是，水镜先生一句话说中了问题的实质，他说，你所缺的就是个军师，缺个参谋。刘备很着急，那找谁做我的军师呢？

你会发现中国人要紧的话，都不用嘴巴讲，都用手写，写完把纸烧掉，就保密到家了。你用嘴巴说出来，说不定就被外边的人听到了，在你之前找到了诸葛亮，不就糟糕了。所以，水镜先生在桌子上写下“卧龙凤雏”四个字，然后说：“这两个人，你请到其中一个，保证你能一统天下。”因此，我们从现在开始应该养成一个习惯，不要紧的话可以讲大声一点儿，要紧的话最好不说出来，中国人了不起的地方就在这里。历代都有诸葛亮，老天不会偏爱哪一个朝代，而我们缺的是刘备。有的人连刘备都不知道，可见他不虚心，情报不灵通，有这样好的人都不知道。刘备因为逃难，处境悲惨，人家才指点他一下，他就开始了不同的政治生涯。

刘备想想：“有关羽辅佐我，我还打不出天下来，那我是不是太委屈关羽了？”刘备 63 岁时去世了，刘备的去世对诸葛亮的影响太大了。刘备去世，刘禅继任，当时只有 17 岁，还是个孩子，而且是个没有磨炼的孩子。因为刘备太宠爱他了，很少把他带在身边。一个有远见的企业家应该经常把他的小孩儿带在身边，随时教给他各种知识，等到这个小孩儿将来继承家业的时候，他更容易成功；相反，如果这个企业家过分疼爱自己的孩子，把他送到美国去读书，学位越高，回来搞垮你的企业的速度就越快，因为他没有经过磨炼。但是刘备托孤的时候，是托付给两个人，各位好好去想一想，刘备为什么要托付给两个人，托付给诸葛亮就好了，不，刘备还将刘禅托付给了李严。李严本来是个很好的人，刘备才会选中他，可是因为刘备托孤以后，李严的心理就发生了微妙的变化，他跟诸葛亮是同等地位，而诸葛亮那么有名气，他却没有，于是李严就开始做出很多莫名其妙的事情，这也是形势所逼。我这里说一句非常要紧的话，天底下没有坏人，只有愚蠢的人。什么叫愚蠢的人？就是他选择错误。人生其实就是个不断选择的过程，你选择对了，你就变成好人；你选择错了，你一定是个坏人，这好人、坏人是你自己选择的结果。人之初，性本善。每个人一出生就是好人，后来之所以变成坏人，是选择的结果。

刘备一死，大家就开始争夺地盘，南方开始叛变，诸葛亮怎么办？诸葛亮先平定四川，然后再去打孟获。做事情要区分先后、本末、轻重，这是领导者的基本素养。48 岁，诸葛亮才开始北伐，前后六年，六出祁山，老实说打一两次就已经没力气了，为什么他还要这么不辞辛苦、不折不挠？为什么？这值得我们去深思。你要形容诸葛亮的这种精神，只有四个字可以形容，这四个字现在是找不到的，叫作“至信至诚”。这是一种完全发自内心的非常浓厚的对这个时代的使命感，他知道只要他不做，这个正统就不见了。很多人读《三国演义》，读到诸葛亮死了，后面的故事情节就没有兴趣读下去了。我不知道大家有没有这种感觉。其实，我们对诸葛亮死后的那一段历史很不感兴趣，就好像我们看清朝的历史，看前面我们很有兴趣，看后面干脆不看，越看越生气。诸葛亮死了，还有什么好看的呢？

上任前考验领导

刘备前两次亲访诸葛亮，却无缘与诸葛亮相见，于是刘备三顾茅庐，来到前庄上叩门求见，得知诸葛亮正在午睡，刘备便不让童子通报，并且命令关羽张飞在门外等候。

诸葛亮睡醒，问童子可有俗客来访。一般来讲，这样问是没有礼貌的，应该问有没有贵客来访才对。但是，如果诸葛亮真的这样问了，就说明他之前所做的一切都是虚伪假装的，很可能他第一次就在家。可是这样也很矛盾，如果他想做官，刘备第一次去拜见他的时候，他一定会想办法跟刘备见面。就算第一次没有见到，往后也会尽量少外出，甚至主动让人去给刘备报信，说他已经回来了，但是诸葛亮都没有这样做。现在他刚刚睡醒，伸个懒腰，第一句话就问：有没有俗客来访？这表示他可以下山，也可以不下山，两者对他来讲都无所谓。以诸葛亮的才智，很容易推测到自己下山是要做苦差事，既然是苦差事，又何必急着要下山呢？

诸葛亮得知刘备在堂外等候多时，便要更衣相见。一般人认为，既然不想下山，就该越邋遢越好，根本就不需要再去换衣服，对方看不上，反倒是自己的福气。其实这样也不对，如果抱有这样的想法，还不如干脆拒绝别人，何必要到处放风说自己有经世治国之才，满怀抱负和理想呢？

诸葛亮抱着出世的精神来做入世的大事，这是他一生最了不起的地方。如果他纯粹是准备出世的，就会跟他的那些朋友一样，喝酒、唱歌，到处去玩，根本不会见任何人，谁来找也没有用，他就是不下山。但如果他很想下山的话，应该早就下山了，也不至于等到 27 岁。他不是没有途径，他哥哥诸葛瑾早就在东吴当了谋士，只要让大哥引荐一下，他很快就可以出来，但是他没有这样。可见对诸葛亮来讲，下不下山都可以，这一点很符合孔子的观念。做人在“可”跟“不可”之间，叫作“两可都可”。这才是最愉快的，真正随遇而安的人就是这种境界。

诸葛亮对刘备说自己先去更衣再出来相见，意思是说，如果你嫌我把你当作俗客而不高兴，那就算了，但是我要么不跟你见面，既然要跟你见面，我就要表示我的敬意，所以我先要把仪表整理好，给你一个好的印象，这样做也无可厚非。

刘备让关、张二人在堂外等候，自己随诸葛亮入内室叙谈。落座后，刘备向诸葛亮询问治国安民之法。诸葛亮自谦年幼才疏，远不及司马徽和徐庶，故不敢妄谈天下大势。他这么做是不是虚伪呢？有一次，我在机场等飞机的时候，听到一个穿着很时髦的年轻人，拿着手机跟他的朋友讲："你不能过分谦虚，过分谦虚就是虚伪。"过分谦虚为什么就是虚伪呢？任何事情都有过分，只有谦虚是不会过分的。可是很多人不了解这一点，一再地劝别人不要过分谦虚。

人往往都很自大，一不小心就很容易自傲，因此谦虚是很难得的修养。有时候你认为自己已经很谦虚了，可在人家看来还是很自大。诸葛亮说自己不如司马徽和徐庶并非虚伪，而是真正的谦虚。如果他一见面就说"司马徽的话你不能听，徐庶也是小儿科，他们那一套，我根本不放在眼里"这样的话，刘备会有什么感想？况且中国人是越不想人家知道的事情就会传得越快，万一这些话传扬出去，司马徽和徐庶就会想：你诸葛亮还算朋友吗？我们推荐你半天，你居然过河拆桥！这样的人，品格是有问题的。所以就算诸葛亮比他们两个还要高明，他也应该这样谦虚地讲。

刘备恳请诸葛亮以天下苍生为念，予以赐教。听到刘备欲申大义于天下，诸葛亮不禁为之感动。如果诸葛亮听完刘备的话，就说"好好好，既然你那么有诚意，我就下山帮你干"，他往后就很难做事了，因为如此一来，刘备的气势就高涨起来了：是你自愿下山的，说难听点儿，是你自投罗网，出了事情你自己去收拾。当然，诸葛亮没有那么笨，他会先把计策讲出来，然后说自己不想下山，这就叫作以退为进。就算诸葛亮真的要下山，他也必须这样做。否则如果刘备说这次来只是想请教计策，不需要他下山，诸葛亮不是很难堪吗？

此时，如果刘备讲错一句话，那就要破局了。如果他说“你不下山，我怎么办”，那诸葛亮就可能说“你怎么办是你的事”，而且心里会想：追随你这样的人，我不是自找倒霉吗？好在刘备也很不简单，他说：先生如果不下山，天下的苍生怎么办？意思就是我刘备无所谓，了不起就是这样而已，但我不是为我自己，而是为天下的苍生来求你的，你下山也并非是为我，而是为了天下苍生。诸葛亮当时听了感动得差点儿掉下泪来，说：“人家都说刘玄德是仁义之君，今天就凭这句话，我也不得不相信。”然后就同意下山了。关键时刻，只要说错一句话，就会搞砸整件事情，以致没有挽回的余地，好在刘备和诸葛亮的表现都不错，才使三顾茅庐成为美谈。

当时很多人都想回到北方去，因为曹操已经控制了北方的大部分地区，而中国发展重心在北方，那时候南方还是荒蛮之地，诸葛亮又是山东人，也可以回北方去，但是他没有，他知道他回到北方对他没有什么好处，所以他很直截了当地为刘备全面地分析当前的形势：曹操拥兵百万，不可与之争锋，孙权坐拥江东，可用为援而不能图，而刘表、刘璋庸碌无能，荆州、益州正是上天赐给刘备的地盘。随后，诸葛亮又为刘备提出达成霸业的三步战略：北让曹操占天时，东让孙权占地利，刘备可占人和，先取荆州为家，后取益州建立基业，以成鼎足之势，然后中原可图。

由此可见，诸葛亮没有下山以前，就已经把他下山以后所有可能的演变都掌握得清清楚楚。当然，这不包括一些细节，因为具体情况是随时都在变的。诸葛亮的大方向很简单，四个字而已：联吴抗曹。这一点始终没有变，也不能变。这个大方向定下来以后，其他事情可以跟着这个大方向随时演变。下山以后，整个天下大势都是按照他的隆中对在演变，他自然就出名了。

按照诸葛亮的说法，刘备不能去打曹操，因为曹操势力太大；也不能去打孙权，因为孙权倚靠天险，不容易攻，所以只能动脑筋先把荆襄之地拿下，再取益州，这样也能占据一块很大的地盘，这是老天爷替刘备准备的。刘备一听，自然很佩服诸葛亮的分析，但他心里却有顾虑：荆州是刘表的地盘，而益州又是刘璋的，这两个都是我的同宗，都是姓刘，我去打他们两个，师出无名。如果去打曹操，我可以说自己是正义之师，去打孙权，也还多少有点儿正当的理由，但要我抢同宗的地盘，传出去多难听啊！所以刘备于心不忍。

诸葛亮当然很清楚刘备的处境，在没有下山之前，他已经把天下比较有代表性的人物逐一做了个案研究，因此不可能不知道刘备的想法。只是他衡量完整体的情势之后，认为刘备非这样做不可，这才直截了当地说了出来。

诸葛亮的这番话彻底地改变了刘备的思维。几句话就改变一个人的一生，大家就知道诸葛亮是下了多大的功夫，这不像现在很多人随便抓个麦克风就乱讲话。我们现在太喜欢讲话了，其实未必能听到好的意见。言论太自由了，资讯管制也不够严，很多信息是无用的。刘备一生最重大的事情就是三顾茅庐，而对象是诸葛亮。刘备再怎么落魄，好歹也是个皇叔，是个左将军，即使一片根据地也没有，但是最起码他有他的阵容，只是被敌人赶得到处跑来跑去而已，他怎么肯向一个完全没有接触过的，出身也不怎么好的年轻人低头呢？所以，我们研究领导艺术的人一定要好好去想一想。

很多人说诸葛亮很会自我推销，我不这样认为。

一个人需要自我推销，实在是太可怜了。我们现在经常说要自我推销，要懂得推销自己，这种话是完全没有价值的。老实说，我们自我推销，答应了人家就等于把生命给人家了，我们能轻易答应人家吗？凡是那些到处推销的人，都是没有好货才去推销的人，好货还用推销吗？诸葛亮很慎重地选择要终生为之全力以赴的人，也有人说他是矫揉造作，故意提高自己的声势，然后择价出售。我不这样认为。他们是诚心诚意的互动，用现代话来说，老板要考验干部，同样干部要考验老板，但是一个先一个后，干部要先考验老板，一旦接受了，你就必须不断地接受老板的考验。徐庶就是这样。

徐庶得知刘表招贤纳士，就去毛遂自荐，但见面后发现刘表并非胸怀大志的明主，于是离之而去。后来他去见司马徽，司马徽跟他讲，要择人而事，并推荐他去辅佐刘备。但他并没有直接去找刘备，而是在刘备途经的路上唱歌，说自己是贤才，欲投明主，借机观察刘备的反应。刘备如果没有经历前番挫折，没有通过司马徽的指点，可能谁唱歌对他来讲都一样，不会仔细去听。但现在不一样了，刘备内心有了求才的意识，所以听到徐庶的歌声马上想到可能是卧龙或凤雏，于是上前去打听。得知他有意相投，刘备对他更是十分客气。

我们中国人很重视面相，也很重视八字。要了解一个人的时候，往往会先看这个人的长相，然后把他的八字拿来批一批。其实这些方法并不一定准确，要了解一个人，最有效的办法就是实际地试探一下。现在刘备就站在徐庶的面前，徐庶只需上前试探一番，便可以知道刘备究竟是仁人君子，还是徒有虚名了。

徐庶上前告诉刘备，的卢马确实是千里马，但它必会妨一主，可以先将马送给仇人，等把他妨过以后再骑，便可平安无事。如果刘备听后表示赞同，认为这是个一举两得的好主意，并照此去做，那不用看八字，我们就知道他是心术不正的。可见，直接地试探比看八字、看面相还要来得精准和可靠。好在刘备并没有这么做，他听到徐庶的建议，当场指责徐庶一见面就出这种害人的主意，徐庶一听，马上就知道刘备的仁德果真是名不虚传了。

此时诸葛亮的心情跟当初徐庶第一次看到刘备就说的卢马会妨主是一样的，那就是：你有诚意，我很感动没错，但是我这样直来直往，就看你能不能接受，如果不能接受，你以后也不可能听我的话，还不如现在就算了。其实这种态度是值得我们思考和学习的。

这种面谈，现在恐怕是看不到了。求职的人没有这么大的本事，用人的人也没有这么大的度量。现代人不如古人，应该惭愧，徐庶知道机不可失，所以不放过机会。但是急于求职，却不能不慎选明主，以免害了自己。所以急是一回事，考验也是重要的事情。没有进来以前，你有足够的权力去考验你的老板，可进去以后，你就乖乖的，还考验什么呢？所以这个先后要搞清楚，现在的人是糊里糊涂进来，然后才开始检验老板的对错，发现老板错了，然后就跑，然而你的人生能跑几次，跑几次就老了，所以现在的人都很无奈，诸葛亮也不是傲世不恭，他是不愿意为了找工作而自贬身价，更是在确定找到明主之前审慎地考验明主。这是我们现在的求职者应该学习的。

为大家舍弃小家

一般人所说的领导好像都是单位机构、团体、公司的领导，事实上，领导是无所不在的。把家里领导得一团糟，公司怎么可能经营得有声有色？很多老板就是家里出了问题，然后弄得公司一团糟，家里头有派系，公司一定也分派系，那就等于什么？外戚跟宦官又来了，历史永远是重演的，只是名目不一样，称呼不同。现在有没有太监？有，怎么没有太监？现在太监叫什么名字？叫总经理特别助理，不可能没有太监，皇帝需要太监，老板一定要有跟班的，你没有跟班的，像什么老板？只有乞丐习惯单打独斗，因为同伴可能会分掉他一半的乞讨成果，所以，乞丐常常是一个人孤零零的。一屋不扫何以扫天下？家不能齐，何谈领导一个机构？诸葛亮的智慧就体现在他知道他这辈子要做什么，所以他就刻意娶了一个很丑的妻子。一般人娶妻都要找漂亮的。他却放出消息，我要娶一个很丑的妻子，那丑的妻子在哪里呢？谁都不一定知道，但那个丑的女子的父亲一定知道。所以他的岳丈就自告奋勇地来找诸葛亮，听说你要找一个很丑的妻子，我的女儿很丑，我介绍给你，只要你答应了，我马上就送过来，免得你后悔。诸葛亮的岳丈叫黄承彦，也是个名士，也很了不起。大家想想看，哪里有要娶一个很丑的妻子的人呢？当然丑只是外貌，同时还应才德兼备。为天下者不顾家，一个人要替天下的老百姓做事情，你是不能有后顾之忧的。你不能说我家没有卫生纸了，我拿公费买点儿卫生纸回家用，这不可以，你既然要为天下苍生谋幸福，就不应该把家当一回事，那家要交给谁呢？就交给贤内助，而贤内助多半是不漂亮的，为什么？因为一个女孩子从小就漂亮，她这辈子一般很难修成正果。所以，我们有一句老话叫作"福禄常在丑人边"。女孩子长得丑，她的福气就好，她就有富贵相。这样你就知道官越大，旁边那个人经常越不好看，我没有说她难看，我只说她不好看而已，这是必然的。同样地，诸葛亮如果娶了个很漂亮的太太，他就不能专心地为老百姓服务，那时候又没有手机，也没办法发短信，所以只好经常回家。三天两头跑回家，你还当什么丞相。

刘备力邀诸葛亮鼎力相助，其一再推辞，刘备又献上金帛礼物，表示精神和物质方面都将尽力让诸葛亮满意。这是主公最大的诚意，诸葛亮只好接受。诸葛亮决定下山后，首先做的就是把家里的事情交代清楚，这一点很值得我们学习。他这样做就是在告诉刘备：我的财产都在这里，以后我追随你，吃的、用的、住的由公家承担，但我家里的财产一分都不会增加，而且将来帮你完成任务后，我还要回家继续种田，并不是要一辈子当官的。这种想法多了不起！从这里我们就可以看出，诸葛亮完全是为天下苍生而下山的，并非为了个人的锦绣前程。

今天我们提倡私人财产要申报，其实诸葛亮老早就做到了。诸葛亮下山前把家事安排妥当，意思就是直到将来退休也不会给家里增加任何资产，就表示他很坦然。至于在外面用公家的，那有什么话讲呢？当然，诸葛亮交代家里的事情，也意在告诉家里人：我这次出去说不定十年或几十年，希望等我回来的时候家里还能保持原貌。另外，不要因为我出去做事了就都想依靠我，想我每个月汇钱给你们，没有这回事，你们要靠自己好好耕耘。这样一来，诸葛亮交代家里事情的两个用意就很清楚了。

诸葛亮下山以后，很少过问家事，左宗棠这点很像诸葛亮，他跟妻子说：“我要出去为国家做事情，家里所有的事情要靠你自己解决，人家送礼不能收，没有钱，你自己看着办。”然后头也不回地走了。关羽也是这样，在孩子出生后，才出来闯荡天下，他身在军营是不会想着家里的事情的。你做小事可以无所谓，为天下者必须不顾家，所以当年刘邦逃难的时候，人家把他的小孩儿送到车上，他把孩子推下去，他用这种方式昭告天下人，我是为天下做事，不会顾及私人的利益。你生在我家，有机会你当太子，没有机会你就死掉，谁让你出生在我家。

我想现代人很少有这样的思维逻辑。诸葛亮的弟弟诸葛均，也是很有聪明才智的人，但是在诸葛亮当官的时候，他始终陪着大嫂好好地处理自己的家庭生活。他从来没有担任一官半职，等到诸葛亮死了以后，他才出来当官。我想诸葛亮是说到做到，而不是像很多人一样，说得很好听，做得完全不是那么回事。

大概因为忙于公事，诸葛亮结婚后很久，45 岁了，一直没有生小孩儿，怎么办呢？他哥哥有两个儿子，诸葛亮就和哥哥商量，过继一个儿子给他，我想，这是中国人经常做的事情。但是，很奇怪的是，诸葛亮过继了哥哥的孩子之后，自己也生了孩子。也许，这是老天在考验诸葛亮能不能平等地对待两个孩子。诸葛亮的妻子始终没有分谁是她生的，谁不是她生的，没有差别地对待这两个孩子。后来他的养子不幸去世。但是如果是其他人，我们也许就会怀疑，孩子是不是被害死的，但是在诸葛亮家，我们就不会这样怀疑。诸葛亮躬耕自给，不问世事，但还是心系天下的老百姓，这就是中国人所谓的耕读之家。中国人一直讲耕读之家，即一方面耕田，一方面也读书，耕田不用每天上班八小时，所以我就有足够的时间去好好读书，每一个人都应该奉行这个原则，站在不当官的立场来当官，你才是个好官。

站在非当官不可、不当官会死的立场来当官，绝对不是好官。诸葛亮以不下山的心态做官，合适的机会才下山，否则宁可不下山，这了不起啊，一个乡下农夫，既没有士大夫的身份，又没有门第的背景，我们讲世家，什么叫世家？就是有势力，家也没有，年纪轻、资历浅，政治背景根本就没有，可是隆中对一出来，连刘备那么有经验的人都从心底里佩服他，这就是准备工作做得非常到位，就是我们讲的基本功非常扎实。

他秉承孔子的主张，“穷则独善其身，达则兼济天下”，有用处就出来，没有用处就藏起来，不在乎。孔子虽然短时间担任过一些官职，但是最后都离开了。我们可以假设一下，如果孔子当时做了大官，表现得很好，会怎么样？死后一定默默无闻。所以孔子心里很清楚，我宁可这个时候承受挫折，死了以后，可以几千年被人敬仰。所以，我们眼光应该放长远些，不要只看到生前。诸葛亮教导子女是不遗余力的，所以最后是一门忠烈，死而无憾。

在诸葛亮死后，邓艾从天而降，攻占了成都，他的长子诸葛瞻、长孙诸葛尚也战死沙场，那这样诸葛亮不是没有后代了吗？有，他还有一个小儿子，当时年纪很小。诸葛亮的小儿子年纪太小，不敢留在四川，大家都想要抓他，于是，他逃走了，逃了好远好远，找到一个很偏僻的地方，那个地方现在就叫“诸葛村”。一共有多少人？有四百多人。那个时候连邓艾都肃然起敬，跪下来向诸葛亮的后代深深地叩头，为什么？因为敬仰诸葛亮。

现代父子的感情真的没有以前那么深厚，现在儿子动不动就说爸爸，这是你的看法，我不是这样看的。最近有一个人向我诉苦，他的孩子才上小学五年级，有一天说：“爸爸，我的想法跟你不一样。”他觉得很奇怪：“上五年级，你就有自己的想法了？”儿子说：“爸爸，难道你没有自己的想法吗？”他说：“我是我爸爸死了以后，才有自己的想法的，我爸爸活着，我哪里敢有自己的想法，有就挨巴掌了。”其实，人要那么早有自己的想法干什么呢？那不是自讨苦吃吗？你不成熟，你有什么自己的想法呢？

中编
辅助刘备

公元208年，曹操率领30万大军南下荆州，诸葛亮以其大智大勇出使东吴，说服东吴共同抗击曹操，取得了赤壁之战的胜利，随后，智取汉中，为刘备三分天下奠定了基础。曹操死后，曹丕篡汉自立，建立魏国，定都洛阳；刘备为了延续汉朝，在成都称帝，国号“汉”，史称“蜀汉”；孙权称王，国号“吴”，后定都建业。三国鼎立的局面形成。作为蜀汉的军师，诸葛亮是怎么样实施他的隆中对的？他运用了什么样的治国之术呢？

确立领导的威望

没出山以前，诸葛亮和刘备是平起平坐的，因为当时他还不一定要吃刘备的饭，干吗要委屈自己？当决定出山追随刘备以后，他立刻跪下来称刘备为主公，从此以后他谨守本分。因为这是他自己的承诺，他努力扮演好一个臣子角色，从没破坏过规矩。

他出山之后问刘备："如果新野守不住，要退到哪里？"刘备那时候已经无路可走了，这一问正问中刘备的心坎。当然诸葛亮没说"主公，你现在已经无路可走了，还是听我的吧，我给你留个余地"，因为对中国人来说，说话要稍微委婉一点儿，对方才更容易听得进去。单刀直入，实话实说会让对方很难接受。刘备当时哑口无言，天下之大，已无他的容身之地。这时诸葛亮跟他说，最好到荆州去。诸葛亮不但这么说，而且已经把退路都替他安排好了。

刘表的两个儿子明争暗斗，长子刘琦被欺负，诸葛亮给他出主意，让他去驻守江夏，诸葛亮安排的退路就在那里。把退路安排好之后才问刘备打算怎么办，这样好的军师，刘备怎么能不服？一个人不要要求别人服自己，要做到让别人发自内心地佩服自己。

刘表的小儿子刘琮投降了曹操，献出了荆州，刘备唯一的出路就是投靠刘琦。后来鲁肃来给刘表吊丧，与刘备初步定下了跟东吴联合对抗曹操的计划，而后才有著名的赤壁之战。

诸葛亮的身份用现在话讲叫作“空降兵”，他和当年孙权接棒时一样，同样要面对严峻的考验。只不过孙权面对的是老臣，诸葛亮所面对的则是和刘备桃园三结义的关羽和张飞。这两人看见大哥如此礼待诸葛亮，心中不悦：“诸葛亮年幼，有甚才学？兄长待之太过，又未见他真实效验！”刘备一时兴奋，竟然回答：“吾得诸葛亮，犹鱼之得水也。”两人更加不高兴，他们两个很讨厌刘备讲如鱼得水这句话！我再一次说明，地位越高的人，越不能把心里的话说出来。你没有这个权力，没有这个资格，因为你会伤害人家的感情。听说夏侯惇引兵前来，张飞毫不客气地问刘备：“为什么不叫你的‘水’去应战呢？”

虽然军情紧迫，诸葛亮却十分轻松，如果诸葛亮也坐立不安，大家就更紧张了。诸葛亮当时已经 27 岁了，他在未出山时就已经将整个天下大势、各个风云人物的个性都研究透了。这次夏侯惇来攻，该如何应对，诸葛亮胸有成竹，否则事到临头才开始着急，何以成大事？一个人没有相应的实力，最好不要去争那个职位，既然有志于争取某个职位，就要事先做好相应的准备。诸葛亮就是如此，他下山之前就做好了充分的前期准备，下山之后认真地勘察周围的地形地貌，因此即使是第一次发号施令，也表现得驾轻就熟，非常轻松。

刘备就不一样了，他心里还是很担心，于是问诸葛亮有何应敌之策。对此，我们也不能怪他，他能够这么恭敬地把一个年仅27岁的人请下山来，已经很不简单了。此时刘备心里有些紧张，担心万一出了问题，令天下人笑话不说，又如何向两个兄弟交代呢？

诸葛亮回答说，刘备有多大胆量，自己就有多少谋略。意思就是：你相信我多少，我就做多少；你不相信我，我大不了不做，听你的也行。刘备听完此话，做出了一个很有魄力和胆识的举动——二话不说就把印信和宝剑交给了诸葛亮。这两样东西代表着最高指挥权，刘备这样做，是表示自己完全信任诸葛亮，让他号令三军，自己也听他的，这是一种很了不起的领导方式。否则如果还是刘备全面指挥，又何必把诸葛亮请下山呢？现在他完全授权，使得诸葛亮非常感动，觉得自己很受信任。当然，刘备心里也是苦笑：这个时候我不相信你，还能相信谁呢？

诸葛亮有模有样地开始发号施令，关羽根本爱搭不理——你这套我早就很熟了，这些天你跑来跑去根本就是张飞所讲的游山玩水，哪里是看什么地形！你这种从没打过仗的人懂什么地形？这次我怎么打是我的事，你怎么讲是你的事。关羽虽没说出这番话，但他心里就是这种想法，所以表现出一副满不在乎的样子，使得诸葛亮不得不再次让人告诉他博望坡的地形。

张飞更是不服气，诸葛亮说什么他也不回应，甚至头都不抬一下，拿了令牌就走，赤裸裸地将自己内心想法表现出来。

刘备在一旁将关羽和张飞的表现看得一清二楚，他知道自己这时非说话不可了，于是命令所有人都要服从诸葛亮的号令，违令者斩。

这种情形在现在的家族公司非常常见，刘备三兄弟是一家人，但诸葛亮不是。如果诸葛亮讲的话刘备三兄弟都不听，那他有天大的本事也没用，所以刘备这样做是恰到好处。如果不是刘备及时出面调解，这次战争肯定会一败涂地。

诸葛亮命赵云为先锋，却让他只输不赢。赵云听了一愣：打仗还有只要输的？要输也应该让别人去输，我怎么可能会输呢？于是问诸葛亮是什么意思。诸葛亮说只要能引诱曹兵进来，也是功劳一件，赵云这才欣然接受。

但诸葛亮知道光靠赵云去引诱，成功的可能也不太大，于是马上让刘备接着去当诱饵，把曹兵引诱过来，因为他的吸引力最大。刘备听了也跟部将一样“得令”，他的这一举动既树立了诸葛亮的威信，也给其他众将做了个好榜样，使他们相当佩服。

关羽高声问诸葛亮“你自己做什么”，诸葛亮直言自己只坐守县城。张飞听了大为不满。诸葛亮这么做，是合理的。他也很坦然：我是军师，当然要坐守在这里，等待你们得胜回来，犒赏大家啊！如果打仗打到需要大将军亲自拿着刀枪去拼杀，那就表示部队已经全军覆没了。同样，如果诸葛亮都要亲自上阵的话，说明刘备集团就要整个完蛋了。当然，张飞也并非笨到连这个也不懂，他只是想趁机发泄一下自己长久以来对诸葛亮的不满情绪而已。

诸葛亮分配完各自的任务后，问刘备是否还有疑虑，刘备说没有。但他这样说，我们相信吗？恐怕也不会全信。因为这毕竟是诸葛亮第一次统帅大军，而且面对的还是来势汹汹的曹军，刘备不可能没有疑虑。只是到了这个节骨眼上，他除了选择相信诸葛亮以外，还能怎么样呢？刘备到了这样的紧要关头依然表现得可圈可点，是一种很难得的领导风范，最后果然取得了很大的胜利。

夏侯惇在博望坡前与赵云相遇，见赵云所率兵马军容不整，轻蔑地说诸葛亮不过如此，自己此次一定能活捉刘备。军人要有军人的气概，如果夏侯惇根本不敢去打刘备，或者抱着尽力而为的态度，打得赢就打，打不赢就回来，那他根本就没有资格当军人。况且军人出战，生死谁都难料，凭的就是这股勇气而已。夏侯惇这样说并不是轻敌，而是军人应有的气概。

赵云纵马迎战夏侯惇，交战几回合后便诈败退走。夏侯惇也是久经沙场，非常有战斗经验的人，如果是平常，他看到地形那么险要，肯定知道一旦深入，遭遇火攻就会全军覆没。只是现在打起仗来，就没有时间去想那么多了。此时，一旁的将领提醒夏侯惇：他怎么跑得那么快呢？是不是想引诱我们进去？就在这个时候，刘备按照诸葛亮的安排出现了。刘备这一出现，夏侯惇刚有的一点儿警觉性就全没了，抓到刘备才是他要做的事情。诸葛亮先让赵云出来，再用刘备引诱，先后的次序安排得非常好。夏侯惇一心只想活捉刘备，结果很快就深入了峡谷。

部将李典见山谷狭窄，树木丛生，提醒夏侯惇要防备火攻，但已经太晚了。可能有人觉得这时候赶快退就是了，但是事情哪会那么简单呢？一支十万大军的大部队全挤在一个狭长的山谷里，想要全军而退也不是件容易的事。埋伏在山丘上的刘备人马一看曹军大部已进入山谷，马上把准备好的火把抛下去。曹军撤退的速度绝没有火势蔓延的速度那么快，最后只能是被烧得凄凄惨惨。

很多事情，当你走进局中的时候就已经来不及了，需要提前去预测才能躲得掉。否则一旦陷入险地，就毫无办法挽回了，夏侯惇就是一个很好的案例。

一场大火烧得曹兵死伤无数，这罪过是曹操和夏侯惇的吗？是刘备和诸葛亮的吗？还是那些放火的人的？好像都不是，又好像都是，所以我们只能说这是大家共同的罪过。战争难免会死伤众多无辜的人，尤其是现代，武器太厉害，万一核战争爆发，那就是整个人类的惨剧，所以当今世界才会这么强调和平。

关羽和张飞依照诸葛亮的安排，看到峡谷中的火光后，便杀出来阻截夏侯惇，夏侯惇拼死抵抗，却只能率少数残兵逃出。关羽、张飞得胜回来，见到诸葛亮，屈膝便拜，口服心服地说道："诸葛亮真英杰也！"新野百姓，更是庆幸刘备获得贤士相助而欢喜万分。

空降兵并不是依赖领导的全力支持便能够发挥所长。更重要的是，上任后的前三件事，必须处理得令众人满意，我们称为"新官上任三把火"。如果烧得不好，说不定烧掉自己的眉毛，惹大家笑话。诸葛亮事先准备周全，一切都在掌控之中。在轻松愉快的气氛中，完成了第一次表演，赢得了大家的掌声和信任，果然不同凡响！

火烧博望坡一战，烧得关羽和张飞心服口服。没过多久，曹操又打来了，诸葛亮便用同样的计策再烧一次，又把曹仁烧得狼狈不堪，激怒了曹操。后来的赤壁之战中，诸葛亮又用计火烧曹营，大败曹军，令众人心服口服，刘备集团也因此空前团结。

我们很早就明白事情是大家合力做出来的道理，知道唯有群策群力，才能够把事情做大、做好。要求有效地群策群力，必须有组织，形成集团而且要产生领导者，来领导这个集团。从历史上看，每当我们有强人领导的时候，大家都衷心盼望不要太强才好。而当我们失去强人时，大家却又热切期待早日出现新的强人。这种矛盾心理，反映出中国人一方面不欢迎英雄式的强人，一方面则十分欢迎集团性的强人。什么叫作集团性的强人呢？就是能够发挥集团力量的领导者，而不是认为自己最了不起的独裁者。

中国有句话，叫心想事成。如果心想还不能事成，只能怪自己。如果领导有管好团队的愿望，但是却没有得到良好的效果，其原因一定是在领导自己身上。中国人重视心跟心的感应，中国人能不能团结，完全看领导者好不好。团结精神是果，合理领导才是因，不能够因果倒置。中国人有时能够众志成城，有时是一盘散沙，关键在于怎么管理。中国历史上有“树倒猢狲散”的典故，也有“田横五百士”的壮举。到底如何做，看领导。

诸葛亮以“得人心，做好人”为最高目标，坚守“深藏不露”的原则，适当地显示自己的才能，但并不贪功、邀功。他显示才能是为了让大家心服口服地凝聚在一起，彼此信任，增强信心，坚定决心。

洞悉时局的慧眼

诸葛亮料定孙权有联合之意，所以决定随鲁肃前往江东说服孙权共同对抗曹操。到了东吴，孙权并没有马上接见诸葛亮，而是先让他会见江东群臣，然后再共商大事，这是孙权很高明的地方。如果他一听说诸葛亮来了，二话不说就先请过来见面，就会留下很大的后遗症。因为这件事不是孙权跟诸葛亮就可以决定的，否则他们两个人谈妥就好了，还管东吴的大臣干什么呢？只是那样的话，就无法出现孙权所希望的众志成城、齐心协力的局面了。所以孙权决定先让诸葛亮去碰碰钉子，看看他能否说服张昭等人。如果说服了，孙权借力使力就解决了很大的难题。如果诸葛亮连这些人都说服不了，孙权就要重新考虑是否应该跟刘备联合起来抵抗曹操了。于是孙权跟鲁肃讲，先让诸葛亮好好休息一下，明天让他会见东吴大臣，然后再一起议事。

但诸葛亮怎么会有心情休息呢？他内心万分焦急，刘备那边危险重重，孙权这边早一天下定决心联合抗曹，刘备那边就早一天得到保障。但他也不能强行去见孙权，否则只会适得其反，于是只好既来之则安之。这也是我们中国人常讲的急事要缓办。急事急办，只会制造更多的问题；急事缓办，先让大家的情绪稳定下来，然后再好好想想接下来该怎么走，才会一步一步走得很稳当。

鲁肃安排诸葛亮跟江东谋臣见面，诸葛亮在隆中的时候，整天把这些人当作个案研究，因此对他们的情况一清二楚。但诸葛亮并没有显露出来，而是见谁都说久闻大名、久仰久仰。诸葛亮从来不轻易把自己的真相显露出来，这是非常高明的。

落座后，诸葛亮知道，自己再怎么跟他们讲都没有用，倒不如先听听他们怎么说。所以他并不先开口，而是从容不迫地拂拭着扇子，看哪一方会先沉不住气。这是一般人做不到的，要想达到诸葛亮的这种境地，需要靠后天不断地修养。

在双方都不开口的情况下，张昭率先发难。说诸葛亮自比管仲、乐毅，但刘备未得他时还能割据城池，有了他后反不如当初，难道管仲、乐毅就是这样的吗？诸葛亮面对东吴群儒，不但不谦虚，反而夸口自大，说新野兵马不到一千，却以火烧水淹抵挡了夏侯惇和曹仁的数万兵马，就是管仲、乐毅也未必能如此。诸葛亮一个人要面对那么多人，而且所有人都对他不怀好意，如果他再谦虚，岂不要被众人压死？如果他一来就请各位多多指教，说自己那边处境危险，请东吴相助一把，那大家就会一起把他轰出去——原来你是想求助我们东吴，借助我们的力量去抵挡曹操！哪有这么便宜的事！

在这种特殊情况下，诸葛亮不能用常态来表现。所以他出其不意，用毫不谦虚的口吻，张口就让大家奇怪他怎么会这样说话。只有这样，群儒才会把诸葛亮当对手，诸葛亮的实力才能表现出来。一个人，只有人家把你当对手，你才会产生抵抗的力量，否则如果所有人都不把你当对手，你就无从显示力道了。因此，我们平常一定要谦虚客气，但在特殊情况下，就得当仁不让。

诸葛亮有备而来，对东吴所有人的情况都了如指掌。诸葛亮未出山之前，就研究过各个诸侯及其手下人物的性格及经历。像东吴这些文臣，每一个人他都有一套资料，包括这个人是怎么来东吴的、后来表现如何、在孙权心目中有何分量、会讲什么话，诸葛亮事先都有很仔细的研究，因此现在才会胸有成竹，相信凭自己一张嘴，就能让那群文臣哑口无言。

果然，只要谁顶撞诸葛亮，想给他难堪，诸葛亮就马上指出那个人的丢人的事。一个人的底细要是被别人摸清楚了，就会变得很没有底气，再加上句句击中要害，气势自然会降下来。之前那些东吴文臣气焰很足，想在气势上压倒诸葛亮，没想到被诸葛亮这么一还击，立马就无言以对了。

诸葛亮在辩论中说自己不治经典，这是什么道理？中国人说没钱就是很有钱，说有钱反而往往都是装的。一个很有钱的人不会在乎骑一个破自行车，但要叫一个没多少钱的人，也就是所谓的小资去骑破自行车，打死他都不会骑，借也要借一辆汽车来开。这就是内外虚实的呈现，里面一实一虚，外面就会有不同的表现。

同样，一个没读什么书的人最怕人家说他不读书，因此一定要装得很有学问的样子；而一个学问很充实的人，别人怎么笑他，他都根本不在乎。诸葛亮将经典研究得一清二楚，因此才敢说自己从来不治经典。那些文臣一天到晚读死书、治经典，只会背一些古人的词句，却根本做不到活学活用。而诸葛亮却能活用各路经典，这是他赢过东吴文臣的地方。

一个人的基本功要好，基本功不行就去工作了，会遇到很多难题。如果诸葛亮第一次去江东就被群儒逼得一句话都说不出来，那他出山还有什么意义？如果他没有那个才气，也不能成就一番事业，还不如安心隐居山野。

其实，借东风也没什么神秘的，不过是运用了一点儿天文学的知识，吹东风的时候偶尔会有几分钟或者几小时吹西风，诸葛亮准确地掌握了这个规律，并且运用到战争中了。对任何工作都应该有充分的准备，甚至在一开始做的时候就要预想到会遇见哪些问题，针对这些问题，想好解决方案与应对方法，这样才能临危不乱。

不怀私心，对抗强敌

如果生死不在天而在人，人类可以控制自己的生死，那岂不是天下要大乱？每个人都想生在富贵之家，都想长生不老，如果真能都如愿的话，那人类还怎么向前发展？所以，生死不由人。历史上的秦始皇、汉武帝都想长生不老，可最后没一个能做到。中国人自古以来就相信生死在天，但是，要怎么做还是在你自己，所以有什么作为是在人自己，而不在天。我们常讲一句话：人生最有趣的事情就是知道自己迟早会死，但没有一个人知道自己会在什么时候死以及怎么死。这些都是人无法掌握的。周瑜说自己天命已绝，意思就是既然老天让我走，那我就走了，这表示他对世间并不留恋。

周瑜推荐鲁肃任都督，他一路跟鲁肃相处，深知鲁肃为人既忠诚，又可靠，完全有能力做他的接班人。我们从这件事情中，可以看出三个重点：第一，周瑜跟孙权处得很好，否则除非孙权问他，他不会轻易举荐。因为万一孙权不答应，那不是很丢脸吗？要举荐接班人，也要考虑自己跟老板的关系怎么样，关系好才可以推荐，否则只会自取其辱。第二，周瑜主动推荐，说明他是负责任的，虽然他的任务没有完成，但他念兹在兹，以任务为重，而不是一死一了百了，什么都不管了，这让我们很钦佩。第三，周瑜此举还有一层意思，就是要鲁肃负责把荆州讨回来。他到死仍没有忘记荆州，这是一个人的盲点，虽然这样做并非完全不对，但他应该站在更宽广的立场，而不是局限在一个很偏颇很窄小的范围来看这件事情。

周瑜生平最不服气的人就是诸葛亮，“既生瑜，何生亮”便很好地说明了这一点儿。其实，他也并非嫉妒诸葛亮，只是不明白诸葛亮为什么不生得晚一点儿，为什么要跟自己发生如此密切地碰撞。如果老天让他生得很愚昧，那还无所谓，但老天却让他生得不错，做事也有魄力，对吴国贡献也大，现在尢端出现一个诸葛亮，使他样样都不如，这不是老天跟他过不去吗？事实并没有这么严重。诸葛亮并没有存心跟他过不去，也没有处处给他难堪，或非要置他于死地不可，诸葛亮所做的一切都是为了让双方能够更好地合作。可惜周瑜并不这样想，也没有一个循循善诱的人开导他，这是周瑜的一大不幸。

周瑜并不知道自己和诸葛亮的关系，是合则有利，分则有害。

我们认为周瑜遇见诸葛亮，唯一的办法就是和他诚心合作，像鲁肃那样，多向诸葛亮学习以增进自己的实力。至少在可见的未来，双方合作的必要性很大，还不至于翻脸无情。但是周瑜心胸不够宽广，十分嫉妒诸葛亮的才华。特别是料事方面，更觉得自己不如诸葛亮，难免每次看到诸葛亮料事如神，就非常气恼。自己用尽苦心，诸葛亮却分毫未受到损伤。于是一气，再气，经不起岗上军士高喊“赔了夫人又折兵”，当场大叫一声，金疮崩裂，昏倒在船上。第三次气得他仰天长叹：“既生瑜，何生亮？”连叫数声而亡，终年才不过 36 岁。我们不认为是诸葛亮气死了周瑜，而是周瑜把自己活活气死的。他千方百计要气诸葛亮，诸葛亮不为所动，产生不了他所设计的预期的效果。诸葛亮不一定是存心气他，他却气得半死。两个半死加起来，就是一死。所以，第三次被气死了。

其实，周瑜的内心，并不是妒忌诸葛亮的才华。鲁肃原来是袁术的部属，因为得不到重用而萌生去意。周瑜打听到鲁肃是一位了不起的人才，赶快把鲁肃的母亲接过来，然后全力说服鲁肃来归附。他不但为孙权增添了一位贤才，而且在临终时，还极力推荐鲁肃。孙权接受他的建议，让鲁肃继任都督。

周瑜大肚能容鲁肃，却千方百计要迫害诸葛亮，这是什么道理？我们从他和诸葛亮初次见面，便请诸葛亮的兄长，同在东吴任职的诸葛瑾前来商议“令弟诸葛亮有王佐之才，如何屈身事刘备”来看，相信诸葛亮若是和鲁肃一样，能够弃刘备而事东吴，他也会像对待鲁肃那样善待诸葛亮，说不定向孙权推荐，以诸葛亮为都督，也很有可能。

周瑜最大的错误，在于不懂得对方安稳自己才能安稳的道理，以为东吴可以独力抗拒曹操，而不需要外力的帮助。而诸葛亮高明的地方在于，他知道为了联吴抗曹，抬高刘备集团的声势，就必须和周瑜打交道。因为孙权内事不决问张昭，外事不决问周瑜，东吴的军事，周瑜的作用可以说举足轻重。所以，这种唇亡齿寒的关系决定了联吴抗曹是他们唯一的出路。

其实，有一些话，按照交浅不言深的道理，诸葛亮原本是不应该说的。现在因为共同的利害，加上时间十分紧急，不得不说出来，以致引起周瑜的疑虑，心想诸葛亮这么厉害，为刘备所用，将来必为江东大患，几次都动脑筋，要杀诸葛亮。

倘若周瑜和诸葛亮一样，知道只有两家联合在一起，才有足够的力量来抗曹，相信他对诸葛亮的态度就会比较理性，不致如此偏激。包容、厚待诸葛亮，对东吴和周瑜本人都有好处。

当然，从长远看，孙权和刘备迟早要一争高下，这一点孙权心里十分明白。周瑜和诸葛亮都知道：曹操不喜欢的人里面吕布、刘表、袁绍、袁术，都已经灭亡，只剩下刘备和孙权，曹操不可能放过他们。不过两人联合抗曹，恐怕也是权宜之计，将来两雄相争也避免不了。周瑜大概就是有这样的想法，所以才急于除掉诸葛亮。

实际上凡事都需要有个过程，许多事情真的是欲速则不达，急不来的。周瑜如果做出阶段性的计划，先和诸葛亮合作，以后再做其他的盘算，他们的关系是不是会缓和一些？我相信他也想到了这一点。只是一向十分顺利的人，往往不会顾虑那么多，而是认为事不宜迟，不如当机立断，在刘备还没有站稳脚跟之前，杀掉诸葛亮，以免刘备势大，诸葛亮更难以应付，于是想做就做，甚至不和孙权商量，便决定下毒手。他一定没有想到，自己反而被活活气死。

周瑜和诸葛亮二人立场不同，有一定的差异性。实际上人与人之间，难免会有彼此不同的“差异性”，我们把它叫作“分别差异”。差异就是不同，君子和而不同，善于管理的人，能够把“不同”的心和力结合在一起，产生“和”的力量。小人同而不和，不善于管理的人，只在表面上要求大家服从，似乎“同”到没有意见上的差异，却始终发挥不出“和”的实力，这其实应该视为“不和”。

烹调的时候，用水来煮水，煮来煮去，还是开水；弹琴的时候，总是重复一个音调，听起来必然单调乏味。同样的，“人”群集在一起，如果大家一模一样，丝毫没有差异，我们识别起来，势必十分困难。反之，用开水煮蛋，可能煮出可口的蛋花汤；配合各种不同的音调，可能演奏出动听的乐曲；不同的人聚集在一起，才有可能“和”成一个整体。

《荀子·王制篇》指出：“人何以能群？曰：分。”人的力量没有牛那么大，行走起来不像马那样快，而牛马反为人所用，主要是因为人能够合群，有“组织”的概念，而牛马则无。但是人为什么能够合群呢？答案是人有“分”的念头，知道彼此“不同”，而非完全相同。

管理的历程，着重在“同中求异，异中求同”，也就是“有矛盾时加以调和，没有矛盾时制造若干矛盾”，使相同的产生某些差异，而让差异的趋于相同。

假如大家都能够退让一步，站在对方的立场来思考问题，凡事将心比心，以设身处地的态度好好商量，最终就能达到长久合作的安定局面。别人安定了，从某种角度来说，也是在安定和强大自己，希望组织同仁同心协力，领导必须使大家关心整体目标。而要使大家关心整体目标，又非让大家彼此交心不可。要求大家交心，第一步则是设法使大家开心。这样来说，安人的历程，便是“由开心而交心，借交心而共同关心，然后产生同心”的一连串“心”的变化，所以对中国人来说，管理是“心连心”的过程，而安人则是“心连心”的结果，应无疑义。

化敌为友，寻找盟军

历史告诉我们，只要领导得好，中国人非常合作；如果领导得不好，就会四分五裂。中国人的个性就是这样，合起来合得很牢固，分开来也分得很彻底。

曹操的远程目标是平天下。这是我国历史上，有远大志向的人士所共同拥有的愿望。曹操自官渡之战以来，声势日益壮大。荀攸见刘备投奔江夏，唯恐他与东吴联盟，建议曹操邀约孙权共擒刘备，平分荆州。曹操大喜，一面遣使赴东吴；一面点齐马步水军八十三万，诈称一百万，水陆并进，直奔东吴而来。

江东孙权手下的谋士鲁肃，却突然以吊丧为名，也来到江夏。诸葛亮一听鲁肃要过江来吊丧，马上就问刘琦，以前孙策死的时候是否曾派人过江吊丧，如果有，鲁肃此来纯属礼尚往来；如果没有，那一定是另有用意。刘琦说以前两家根本就是仇人，怎么会派人去吊丧呢？诸葛亮何等聪明，马上就知道鲁肃此番前来吊丧的用意。

诸葛亮料定孙权有联合之意，所以决定随鲁肃前往江东说服孙权共抗曹操。联吴抗曹是刘备隆中对中的既定策略，当时诸葛亮对刘备讲，打曹操是一定打不过的，也不能去打孙权，因为灭了孙权后更无法与曹操抗衡，所以唯一的选择就是联吴抗曹。

如果诸葛亮之前直接去求孙权，效果未必会好。现在时机来了，东吴派鲁肃过来，这就有了很好的桥梁。只要搭此桥梁，就能顺理成章地见到孙权。因此诸葛亮建议刘备让自己跟鲁肃去东吴，凭自己的三寸不烂之舌，必能说服孙权联合抗曹。刘备也觉得这是个不错的机会，于是同意了诸葛亮的建议。一个人必须先有意愿和计划，而后才能随时抓住良机。诸葛亮就是如此，否则就算来十个鲁肃也没用。

鲁肃，字子敬，早年丧父，侍母至孝。他的家产丰厚，经常散财济贫。周瑜有一次缺粮，听说鲁肃家存米六千斛，前往求助，鲁肃一口气答应借给他一半粮食，慷慨之至。鲁肃平生喜好击剑骑射，又善于策划。孙权继承父兄大业时，周瑜郑重地把他推荐给孙权。孙权和他商谈军国大事，到了晚上还同榻抵足而卧，问鲁肃，今后要怎么做。鲁肃认为汉室不可能复兴，曹操也不可能完全被消灭，最好是先剿除黄祖，进伐刘表，据守长江险要，以图天下。孙权大喜，一切照他的计划而行。鲁肃接着推荐博学多才的诸葛瑾，也就是诸葛亮的兄长，孙权拜之为上宾。这样孙权就组成了坚强的核心团队，得以与曹操争天下，建立帝业。

鲁肃和诸葛亮，具有北定中原的共同理想，所以一见如故，十分投机。两人也有不同之处，鲁肃料定曹操必然篡位，汉室不保，所以鼓励孙权自己称帝，以统一天下。诸葛亮则心存汉室，因此看重刘备的皇亲血统，希望他以荆、益两州为基地，北伐中原。两人的观念大同小异，却有一个牢不可破的共同点，便是双方联合抗曹。

诸葛亮来到东吴，不免与群儒舌战一番。因为文人相轻，武将更是永不认输，对诸葛亮如此盛名，当然心中不服。诸葛亮面对众人，有问必答，而且声势惊人。他事前对各人已有深入了解，自然能够应付自如。

诸葛亮针对孙权爱面子的个性，不顾鲁肃的劝阻，夸大曹军的阵容。一方面建议孙权归顺曹操，一方面陈述刘备不降的坚定决心。孙权很不高兴，向鲁肃抱怨“诸葛亮欺吾太甚”。鲁肃说诸葛亮是故意以言辞相激，实际上有良好的策略，孙权赶快再请诸葛亮叙话，虚心请教。诸葛亮用同样的态度来刺激周瑜，促使周瑜主战，加强孙权的信心。

诸葛亮联吴抗曹的策略获得孙权的支持，当然是对刘备最有利的方式。周瑜知道诸葛亮的大才，请诸葛瑾劝告兄弟，离开刘备，到东吴共同效力。诸葛亮不肯，周瑜心生恨意，存心要杀诸葛亮。嫉妒心的可怕，在周瑜身上表现得格外强烈。孙权受到周瑜的影响，势必不利于刘备和诸葛亮。

所以说，联盟就是合作，只有大家一起协同合作，组织才能更有力量。在一个行业内如果只是依靠一个企业自身的力量将行业链条上游、中游、下游的事情全部做完是不太现实的，这样地做大不仅对资源和管理能力提出了非常高的要求，同时也易造成顾此失彼的状况。所以要大带中、中带小，分中有合，表面上是分，本质上是合。

有人曾经大力主张，中小企业要设法加以合并，组成大企业，以增强竞争力。然而，事实证明，面临21世纪快速变化的环境，企业规模大，应变力反而较小，对于适应环境所做的调整，其弹性远不如中小企业那么灵活，加上合并前后的种种问题很不容易克服，因而，合并不如合作。

西方人一直以来都恪守“二分法”，而中国人则对“分”与“合”有着独到的理解和认识。作为中国式团队的领导者，不应该把自己企业里面的人才视为“内人”，把企业以外的都叫作“外人”，这始终是“分”的观念。实际上，应该通过内部的外人以及外部的一些内人来实现内外的沟通，形式上虽然是不同的企业，实际上是同一个团队，随时可分，随时可合，这样分中有合，合中有分，既保持灵活性又便于调整。

联盟合作的对象，就算是理念十分相近，毕竟各有各的立场，各有各的苦衷，难免有不协调、不配合的现象。从某种角度来说，“求全”便是合作，一个人的个体能力有限，无法求全，必须很多人一起同心协力，通力合作才能求全。大家为了利益走到一起，谋求的就是实现自我强大的目的。假如大家可以善用中国人的“以让代争”，柔中带刚，彼此为实现共同目标，各自机动调整，权宜应变，自然会获得整体的配合。

冒风险，换共同利益

虽然孙刘大军联合起来一致对曹，但是背地里周瑜却嫉妒诸葛亮，一心想要将他置于死地。周瑜得知曹操杀了蔡瑁、张允，异常高兴，他觉得一般人看不透此计，唯独对能否瞒过诸葛亮没有把握，于是就让鲁肃去试探一下，看看诸葛亮的反应。周瑜对诸葛亮的态度很复杂，他一方面很欣赏诸葛亮，另一方面又很害怕诸葛亮太厉害而成为东吴发展的障碍。因此当他的反间计成功之后，他迫切地想知道诸葛亮是否能识破此计。

鲁肃依令去见诸葛亮，结果诸葛亮一见到他就向他贺喜。鲁肃大惊失色，问有何喜可贺。诸葛亮坦白地说周瑜的计策只能瞒过蒋干，曹操虽被瞒过一时，但迟早也会醒悟过来。言外之意就是，他的计策怎么瞒得过我呢？诸葛亮之所以这么说，就是想让周瑜知道，彼此之间只有真心合作，才能产生最大的凝聚力，如此互相猜忌，恐怕很难成就大事。可周瑜并不这样认为，他觉得自己的计策完全瞒不过诸葛亮，就好像光着身子站在诸葛亮面前一样，毫无隐私。人总是要有一些隐私的，谁也不希望自己完全被别人猜透。现在周瑜的一切都在诸葛亮的掌控之中，难怪周瑜会浑身不自在，想要尽快除掉诸葛亮。

在诸葛亮看来，高明的统帅一定要游刃自如。做一件事情，如果刚开始很辛苦，等慢慢摸到了门道，就感觉越来越轻松，也就说明是入对行了。相反，如果已经尽了力却还是感觉很吃力，那就表明你走错路了。周瑜虽然很高明，但需要调整一下自己的观念，否则这样猜来猜去，只会把自己逼向死路。因为他的方向压根儿是错的，天天想着跟诸葛亮斗智斗勇。但周瑜就是执迷不悟，诸葛亮也没有办法，最后会是个什么结果，相信大家一定预料得到，戏台上也常演不衰，那就是诸葛亮三气周瑜，最后把周瑜给活活气死了。

如果诸葛亮一开始装糊涂，不说穿真相，不仅会误导周瑜，也会害死鲁肃。因为周瑜会怀疑诸葛亮是否真的高明，如果连此计都看不懂的话，那他以前的那些事肯定是误打误撞，碰巧蒙的，而非真才实学。两个人要合作而彼此不了解，紧要关头就很难充分配合。而鲁肃也会觉得莫名其妙：难道诸葛亮真的神通广大？因为所谓的神通就是有时候准，有时候不准。诸葛亮每次都很有把握，每次都可以算得准，这是科学的推理，而非神通。科学与神通的区别就在于，科学可以屡试屡验，而神通有时候很准，有时候又不准，不足为信。

周瑜心中十分愤懑，发誓要找个正当的理由除掉诸葛亮，便假意请诸葛亮前来议事。周瑜和诸葛亮谈到两军交战，一致认为在江上交战，武器以弓箭为先。但周瑜说现在军中正缺弓箭，因此劳烦诸葛亮监造十万支弓箭，以作应敌之用，并说这是公事，还望诸葛亮切勿推辞。诸葛亮爽快地答应了，问周瑜何时要用。周瑜说，十日之内可否完成？他之所以没有下死命令让诸葛亮十日之内完成，是因为不想让人觉得他是有意为难诸葛亮，否则传出去不好听。但他这样一问，如果诸葛亮讨价还价想拖延时间，就显得诸葛亮能力不够，如果诸葛亮直接答应下来，那就正中了周瑜之计，因为这是相当苛刻的任务。

周瑜设下这个圈套，等着诸葛亮来钻，想既不让别人说闲话，又能除掉诸葛亮。但诸葛亮洞若观火，他故意掉入周瑜的陷阱，反倒主动缩短时间，说三天就好了。周瑜一听，当然喜不自禁：三天造十万支箭！这是你自己找死，可别怪我！所以周瑜趁热打铁，说军中无戏言，于是诸葛亮依周瑜之意立下了军令状。如此一来，只要诸葛亮三天后交不出十万支箭，周瑜就可以名正言顺地杀他了。周瑜这样一步步紧逼，是因为他有自己的企图，但诸葛亮既然敢立下这样的军令状，自然也有自己的盘算，这一点是出乎周瑜意料的。

鲁肃见诸葛亮说三天之内要打造出十万支箭，心想，这个任务怎么可能完成呢？因此他赶紧劝诸葛亮三思而行。但周瑜听了很不高兴，心想自己好不容易让诸葛亮掉入圈套，三天之后就可以名正言顺地杀他了，鲁肃怎么能提醒诸葛亮呢？于是赶忙加以制止。

诸葛亮看到周瑜制止鲁肃劝他，自然心知肚明周瑜在打什么算盘。但他对自己很有信心，“没有金刚钻，不揽瓷器活”，他是有本事才敢接下这个任务的，现在之所以故意制造一些紧张气氛，是为了将来彼此更加了解。因为他很清楚，现在大敌当前，双方一定要紧密合作，以后两国也是一样，和则两利，分则两伤。

其实，这样做确实很冒险，但做任何大事，都免不了要冒一定的风险。如果一个人完全不冒风险，那是永远成就不了大事的。诸葛亮就算对自己再有把握，也要看天意。这里的天意并不是指迷信，而是自然界的无常变化，这是人力控制不了的。人虽有思想性与自主性，但同样也有局限性。大自然变化无穷，连气象台都测不准天气，人怎么能精准地预测呢？可见，诸葛亮是冒着巨大的风险接下这个任务的，但此险又非冒不可。而且在他来看，这样的冒险是值得的，他对自己很有把握。

约定的第三天，诸葛亮请鲁肃到船上一同取箭。这一天，大雾弥漫，诸葛亮镇定自若地在船上弹曲，鲁肃却心慌意乱，坐立不安。

一件事情的完成需要三个因素：天时、地利、人和。要想成功地实施草船借箭，天时和地利的因素已经具备了：当天有大雾，曹军大多不识水性，又看不清来者有多少敌兵，因此断不敢轻易出战，只会用箭来驱赶，这就是天时。要是换做能见度很高的晴天，相信他们会派出战船作战，那样诸葛亮的计划就落空了。地利就是吴军擅长水战，不畏惧长江之险。只是周瑜眼光短浅，老想置诸葛亮于死地，以致缺少人和这个因素。而诸葛亮利用自己与周瑜的矛盾，获得了鲁肃的全力支持，从而在人不和的情况下尽力地创造出人和，这也是诸葛亮最了不起的地方。否则鲁肃肯定不会完全听诸葛亮的话，他也很难对部属有交代——部属会奇怪，诸葛亮造箭罢了，准备草人、船只这些不相干的东西干什么呢？

具备了天时、地利、人和的有利要素，在我们看来相当危险的事情，对诸葛亮而言就不过是一次小小的冒险而已了。他对这次冒险有足够的把握，就去做了。最后事实证明他所有的预测都是正确的，这是因为他有足够的天文地理知识，能够活学活用而已。

夜里，诸葛亮借大雾虚张声势。此时，曹操被诸葛亮蒙骗，误以为前方有大批东吴水军前来进攻。曹操听说敌人来势汹汹，天气又这么恶劣，而自己的军队又不识水性，唯一安全一点儿的办法就是乱箭退敌——不管敌军战船在哪里，有多少只，用箭拼命射就好了。等敌军被射到无法前进的时候，自然就会撤退了。曹操对自己的这个决定相当满意，他心想：你们这些人老想算计我，以为我无法应付，现在我就让你们见识我的厉害。但曹操却不知道这当中有很多的未知数。

诸葛亮只管在船内饮酒，静观其变，而鲁肃却紧张地担忧曹军会出兵攻击。我们可以把人分为两种，一种叫计划内之人，一种叫计划外之人。鲁肃是计划外之人，而诸葛亮则是拟定并执行计划之人，因此他对一切了如指掌，就算一天到晚轻松地饮酒，该做的工作也能正常进行。他对鲁肃说，战争用不着统帅亲自上阵，现在他们应该做的事情就是饮酒，从而让军士们感到轻松自信。可鲁肃作为计划外之人，对整个事情不甚清楚，也搞不清诸葛亮到底唱的哪出戏，他甚至还可能认为诸葛亮走投无路了要投降曹操，想拉上他垫背。所以两个人的表现不一样，也是非常正常的。

曹操熟读兵书，而且还曾著书评点过《孙子兵法》，可见他是很自信的。现在他对自己的决策很满意，自以为很高明，又觉得射箭的范围应该拓得更宽，才能把对方吓退，于是下令加派人手在岸上射箭。只要对方的战船一退，所有人都会赞叹他决策的高明。但他却万万没有想到，对方的船上并没有多少人，而且外面堆满了草垛，等的就是他万箭齐发。诸葛亮令船上士兵齐声高呼“谢曹丞相赠箭”，曹军将领发现中计后，连忙下令停止射箭。

我们一路看来，可以发现诸葛亮的作风一向很透明——我所做的事情，都要让你们知道，无需任何遮掩，因为你们要做的事情我能够看得一清二楚。只有具备真功夫的人才敢这样做。

诸葛亮希望鲁肃了解他，也希望周瑜明白他的作风，甚至希望曹操也能对他有所了解，所以他没有偷偷返回，而是命令军士齐声高喊“谢曹丞相赠箭”。一方面诸葛亮感谢曹操的配合，虽然曹操是中了他的计才这样做的；另一方面这样能让所有人知道，曹操虽然人数众多，不仅没打胜仗，反而白白送了他这么多支箭，从而给曹操一个沉重的打击，这也算是一种心理战。

在草船借箭的过程中，诸葛亮充分利用各种有利的资源，以最少的投入，获得了最大的回报，值得我们敬佩和学习。

曹操发现真相后有苦难言，就算认错也没有丝毫作用。因此他只能硬着头皮面对当前的这种困境，苦思其中的突破点，这是很无奈的事情。所以一个人做事之前，千万不要一厢情愿地觉得自己有优势，有胜算。有时候要想想自己，也要想想对手，这样才比较安全。

周瑜得知诸葛亮借箭的经过，感慨诸葛亮神机妙算，并自叹不如。其实，诸葛亮借箭，用现代话来说，根本就是把工作外包，请同行分担，加起来数量便很多。

诸葛亮对天文地理都有很深的造诣，他知道不日之内必有浓雾。中国人自古就对天文很有研究，四五千年前的黄帝时代，就已制造出了指南车。我们了解了天文，就能推算出天气状况，因此中国最畅销的书并不是各种排行榜上的书，而是一本几乎家家必备的老皇历。老皇历自古流传下来，告诉我们哪天白天最短、晚上最长，哪天天气变化最激烈……这些都是我们的祖先长期观察得出的结论，也相当科学。

同时曹操人生地不熟，又不熟悉水性，不敢在浓雾中出战。如果以船只逼近，伪装进攻，曹操必定箭如雨发，不敢停息。于是不用费力，便能够借得十万之箭。但是，这样一来，周瑜必然更加气愤，也更为嫉妒，很可能不择手段，非置诸葛亮于死地不可。诸葛亮并不是故意卖弄才华，使自己陷入更危险的境地，只是周瑜这样的人，不能让他看不起，否则无法合作，不得不承担风险，采取如此措施来换取共同的利益。应该做的，绝对不推辞；不应该做的，再有利也不能做，这才是做人的基本素质。

工作有很多人会做，不一定样样要亲自去做。外包给别人做，并不代表自己偷懒，而是分散风险，由大家共同承担。诸葛亮借箭，说明一个问题可以有好几种解决方案。自己做十万支箭，费时费力又费神，不如向有箭的人借，一下子就凑齐了。问题是，怎么借？向谁借？什么时候借？有没有借到？这些才是我们要学习的。

建立稳固的合作联盟

赤壁之战，对刘备来说实在太重要了。倘若孙权降曹，刘备很快就会被曹操消灭。就算孙刘联合起来，要战胜曹操，又谈何容易？因此诸葛亮不得不装神弄鬼，竭尽所能，务求联吴成功。赤壁胜曹奠定了刘备之后发展的基础。

实际上，当时的刘备由于关羽斩颜良，不得不向袁绍献计南连刘表，借故离开袁绍，赶忙投靠荆州。刘表对刘备，表面上很客气，还说要把荆州让给刘备，内心则十分猜疑，对刘备很不放心。曹操听说刘备屯兵新野，便出师南征。这时候刘表已死，次子刘琮继位，索性归顺了曹操。刘备且战且退，兵微将寡，已经是十分危急。可以说生死存亡，就在赤壁这一战。

果然不出诸葛亮所料，曹操一再上当，百万雄兵顷刻之间化为灰烬。刘备趁机占领武陵、长沙、零陵、桂阳等地，总算有了一些地盘，勉强称得上鼎足而立，三分天下。但是，刘备和曹操、孙权相比，仍然是最为弱小的势力。就算如此，毕竟顺利地完成了隆中对的第一步。这对刘备来说，可以说是有生以来首次站稳脚跟。我们常说人有旦夕祸福，刘备这次喜出望外，更能充分体会这种感觉。不过事在人为，如果不是诸葛亮竭尽心力，岂能有这样的成果？以人为本的中华文化可贵处即在于有人才有事。

如果说官渡之战，曹操以寡胜众，气势大增。那么赤壁之战，刘备同样以寡胜众，大增气势。赤壁之战比官渡之战的作用更加重大，从此天下三分。作为一个领导者，在做决策之前，一定要广泛地搜集意见，一旦决策既定，就要果断坚决，勇往直前。虽然可以边做边调整，但方向应是不能变的，目标坚定，只是包容各种变数，随着需要而变，绝非犹豫不定，踌躇不决。

领导者的素质，主要在于大智大慧。大智指“具有解决决策问题的知识”，而大慧则指“能够聪敏地看清事实的真相以及相关的德行”。两者合在一起，成为我们常说的“道”。荀子在《天论篇》中明白指出：“万物为道一偏，一物为万物一偏，愚者为一物一偏，而自以为知道，无知也。”其意为万物者都不过是道的一偏，一物更是万物的一偏。而愚者所见，又是一物的一偏，这时候如果认为自己是知道的，那就是一无所知了。道是大智，应该把所有事物合在一起看，合在一起想。

可惜像老子、墨子、宋子这些已经十分了不起的人，有时候还会陷入一偏之见。荀子说：“慎子有见于后，无见于先；老子有见于拙，无见于信；墨子有见于齐，无见于畸；宋子有见于少，无见于多。”慎子即慎到，主张随后而不必争先，因为他只看到后的一面，却没有看见先的一面；老子提倡守柔，不敢为天下先，只看到屈的一面，忽略了伸的一面；墨子兼爱，没有尊卑的差别，显然只看到齐的一面，没有注意到畸而不齐的一面；宋子即宋钘，只见到欲少的一面，忽视欲多的一面。荀子批评有后无先，则群众无门路可循；有屈无伸，则贵贱无所分别；有齐无畸，则政令无从施行；有少无多，则群众无由成化。这些都是自以为是而不知晓更有大道的存在。他在《解蔽篇》中提出“夫道者，体常而尽变，一隅不足以举之”，认为道虽有体有常，却其变难尽，这些一面之见，不过代表道的一偏、一隅，不足以涵盖道的整体；持有一偏之见，便成为曲知之人。

曲知之人，其智慧有所偏重，往往只知其一，不知其二，在今天称之为“专家”。专家决策，依荀子的见解，内以乱于己，外以欺于人，造成上以蔽下、下以蔽上的蔽塞之祸，实在危险万分。领导若是仅仅站在“我的专业判断”来做决策，恐怕祸患无穷。

自古以来，有大将的职位，却缺乏大将之才的，必定死于非命。

有大将的才能，却得不到大将职位的，才能不可能得到发挥。领导者应该珍惜既有的职位，好好发挥自己的大智大慧，时时以无知来启发大家的有知，以无能来激发大家的有能，以无才来展现大才，使所有决策，都能集众人之智，面面俱到而无所偏颇。依据这样的决策定出来的计划，自然可行而有效。

相互制衡，共同生存

赤壁之战，曹操惨败而逃。刘备这边，诸葛亮调兵遣将，只有关羽没有任务，这让他非常不高兴。武将的天职就是战场厮杀，不让武将上战场，无异于不让文人写文章，不让艺人唱歌，不让球员出场，这当然是很痛苦的事。关羽精神抖擞地准备接受任务，想要好好地表现一番，结果诸葛亮给其他众将都分配了任务，唯独落下了自己，他能不急吗？可他又不能直接怒责诸葛亮，于是颇带委屈地问，为什么唯独自己没有任务。诸葛亮就是利用关羽的弱点，迫使关羽主动来争取任务，这样才能跟他讨价还价。所谓“请将不如激将”，激一下，才有机会讨价还价，做更多的文章。诸葛亮所用的正是这一招。

诸葛亮对他说，有一项任务本想让他去的，可是事关重大，所以自己有些顾虑。关羽问诸葛亮顾虑何在。诸葛亮说自己想让他去守曹操必经的华容道，可是自己知道曹操曾经对关羽不薄，所以怕关羽念旧情会放曹操一马。关羽怪诸葛亮多心，说他绝不会放过曹操。关羽理直气壮地说，欠曹操的人情已经还了，再见就是敌人。诸葛亮等的就是这句话，于是赶紧趁热打铁让关羽立下军令状。诸葛亮没让其他将领立军令状，唯独让关羽心甘情愿地写下了，可见这其中必然另有文章。

刘备对诸葛亮说关羽可能会放了曹操。刘备这不是不相信关羽，而是百分之百地相信关羽。因为他太了解关羽了，知道关羽最重义气，到时候碰到曹操，肯定下不了手。况且曹操能笑也能哭，能屈也能伸，为了保命，难免会用尽各种手段，而关羽这么重义气，一想起曹操曾经对自己的好，怎么可能下得了手呢？

诸葛亮说自己是有意如此安排的，因为目前三足鼎立的形势还未形成，所以曹操不该死。

赤壁一战，曹操败逃。诸葛亮安排了几路人马拦截曹操，在最后一关华容道上关羽念及往日旧情放过了曹操。说曹操命不该绝，完全是站在无形无迹的立场来看的。若是采取有形有迹的观点，那就是这个时候还不能让曹操死掉。因为在这种曹军惨败、孙吴得意扬扬的关键时刻，让曹操死在关羽手中，曹操的部属一定会把矛头对准刘备，说不定会和孙权联合起来，那样，刘备就完了。

因此，站在刘备的立场，绝对不能在这种特殊的情况下杀死曹操。诸葛亮故意不派赵云或张飞去守华容道，因为曹操要是落在这两位大将手中非死不可，那就不妙了。

曹操在关羽得知刘备下落后坚决要离他而去的时候，心里也着实挣扎了一阵子。他反复思索，不让关羽离开，以关羽的神勇，简直做不到；让关羽离开，又实在不情愿。所以他避而不见，故意不给关羽发通行证，使关羽只能过五关斩六将，欠下曹操很大的人情。最后曹操还指派张辽劝退了夏侯惇，送一个大人情给关羽。曹操何尝不知道，按照这种情况发展下去，自己难免有一天要栽在关羽手中，所以趁早让关羽欠下自己一大堆人情，将来必要时，说不定能够救自己一命。曹操和诸葛亮对关羽都十分了解。可以说两人合演了一出华容道大戏，使关羽有情有义地表现一番。

关羽当然要放走曹操，否则大家对他的忠义就不会那么推崇。对刘备忠心是一回事，还曹操人情，也是合乎义理的表现。何况如果关羽一刀砍下曹操的首级，接下来诸葛亮就必须承担刘备败亡的重大责任。“三国”演义，势必提早结束。刘备的壮志，诸葛亮下山，都将会毫无意义。无论有形迹、无形迹，关羽这一次放走曹操，都合乎道义。

许多人看到这里，都替关羽惋惜，认为他失去了灭曹的大好时机。其实，就因为他放过了曹操，他才很了不起，这绝不是妇人之仁，而是从大局出发——曹操杀不得。站在刘备的立场，绝对不能在这种特殊的情况下杀死曹操。如果那时把曹操杀了，刘备也就没有前途了，孙权会把曹操的人马收编过来，顺便把刘备也灭掉。所以，那个时候，是不能让曹操死的。有时候，适当培养几个敌人，才是生存之道。

竞争对手从另一个角度说，就是领导的老师，领导应该善于向敌人学习。领导要是承认自己不如人家，就达到了海阔天空的境界，总想着“我一定要把你干掉”，很可能最后是对方没有死，领导就先死了。所以很多事情要从大局来衡量，不要只看眼前利益。现在很多人只看到眼前利益，看不见大局，不知相互制衡才能彼此生存的道理，是多么的危险。

表示悲痛，维系联盟

周瑜临终一句“既生瑜，何生亮”，把责任通通推在诸葛亮身上。我们一向认为人死为大，对这句话当然非常重视。

周瑜病故，诸葛亮十分悲伤，这不是做假，也不是装的。诸葛亮的悲伤是发自内心的，他觉得周瑜这么好的人才，正是自己要争取合作的对象，没想到这么快就去世了，真的很可惜。

诸葛亮不顾众人劝阻，坚持一定要过江吊唁周瑜。首先，如果诸葛亮不去吊唁周瑜，就表示周瑜真的是被他气死的，以后就算是跳进黄河也洗不清了，所以无论如何也要去，这样才能够化解大家对他的误会。第二，如果诸葛亮这次不去，以后跟东吴的人还怎么联系，怎么来往呢？失去东吴的支持与配合，他的整个计划就无法实施了。现在周瑜死了，诸葛亮连去吊祭都不去，那无异于宣布孙、刘两家关系决裂。第三，诸葛亮之所以一定要去，是因为他知道鲁肃会接任都督，自己的安全是有保障的。考虑这些因素，确保万无一失之后，诸葛亮这才坚持要去，并非连命都不要了。

因此，就算鲁肃请诸葛瑾劝阻诸葛亮吊丧，诸葛亮也不会听。此时他当然不会听从任何人的劝阻，否则后果会非常严重。想澄清大家对他的误会，最好的办法就是用行动来表示，而不是口头宣誓。因为不管他怎么解释都没有用，别人是不会相信的，但亲自去就不一样了，大家亲眼所见，才相信他确实有诚意。当然，让诸葛瑾劝阻诸葛亮过江，也是鲁肃的一番好意，因为他们是兄弟。但站在诸葛亮的立场，越是他的哥哥来劝，他越是不能听，因为这意味着他的安全更有保障了。如果是别人来，诸葛亮会怀疑这是什么用意？现在是自己的哥哥来劝，就表示鲁肃会全力保障他的安全，因此诸葛亮更加坚定了过江吊丧的决心。

在东吴方面，老将纷纷表示要杀诸葛亮祭奠周瑜，诸葛亮不怕吗？其实诸葛亮既不是不怕，也不是怕，这与怕不怕没有关系。我们经常陷入绝对的二分法，而诸葛亮是利用整体思维，知道如何才能将怕变成不怕，不怕当中又有怕，两边都兼顾到。当然诸葛亮还是有一些顾虑的，因此事先就想好了如何一步步去化解，否则一定会措手不及。诸葛亮能用周详的计划，将怕变成不用怕，这是诸葛亮的高明之处。

老将程普决定先斩后奏，杀掉诸葛亮，来祭周瑜。当初周瑜当都督的时候，程普故意冒犯，而周瑜假装不知，放他一马，给他相当的尊重，程普一直铭记于心，因此他对诸葛亮格外不能容忍，一定要杀了诸葛亮为周瑜报仇。可鲁肃对诸葛亮的观感却跟程普完全不一样，他知道诸葛亮并没有恶意。我们不能因此就认为程普比较忠心，而鲁肃却两面讨好，因为鲁肃跟程普的处境不同，跟诸葛亮的接触面也不同，所以感受才会大不相同。鲁肃深知，周瑜之死不能怪诸葛亮，反而是周瑜应该检讨。当然，鲁肃不能公开这样说，他只能自己另想办法。

诸葛亮到柴桑吊丧的时候，人未到而声音先到，这是最好的办法，是经过事先考虑的。当他的声音传过来的时候，大家起初还很生气，但越听越觉得诸葛亮很真诚，越听越觉得他的悲伤是发自内心的，所以大家后来被感染得也跟着哭了起来。这就说明大家从心里已经打算接受他了，从而化解了仇恨，这时候再出现，不是很安全吗？

所以很多事情，我们一定要想到，不要以为你亲自到就可以解决问题了，有时候可以利用光和声音来布置一种情境帮我们安全地解决问题。这一次诸葛亮做得非常好，他先发出声音告诉大家他来了，正当大家很紧张地准备要对付他时，他一路哭着进来，大家虽然不会因此而彻底扭转对他的仇视，但最起码可以先稳定情绪让大家觉得是误解自己了，也让鲁肃有帮忙的时机。

看到诸葛亮进来，程普等人挥剑要杀诸葛亮。要知道像程普这些人，是不会因为诸葛亮的声音、言辞、态度，马上就对他来一个一百八十度的转变的，尤其是在他们很悲伤、很沮丧、很无奈的状况之下。赵云当然要抵挡，否则诸葛亮的性命就不保了。诸葛亮此时表现得很有胆识，他知道逃也没有用，干脆死马当活马医，你要杀我，我就让你杀，于是捡起剑双手呈给程普，这也显示出诸葛亮对人性的掌握很深入。如果程普真的接过诸葛亮的剑，一剑把诸葛亮杀了，那他以后必会被世人耻笑。诸葛亮非常清楚这一点，所以他把剑递给程普，如此一来，程普反倒不会去杀他了。

诸葛亮凭什么这么有信心，他真的不怕死吗？没有人是不怕死的，但是诸葛亮有把握他不必怕死，躲过了怕死这一关才是他最好的表现。他知道照计划一步一步地走，老天必然会替他排除万难，化险为夷。中国人对老天有一番感情，我们不是把老天看成神，而是把它看成道理，如果按照道理去走，还走不通，那还有什么天理呢？所以中国人经常讲天理何在，就是我们对上天的一番信心。诸葛亮也是这样。

进入灵堂后，诸葛亮手下的人摆起祭物，跪地祭酒。诸葛亮真的很用心，很多事情他不但想到，而且还真正做到。所有的祭物都是他用心规划与制作的，并按照先后次序，有条不紊地展开。这些过程哪怕有一点儿更改，效果就会大打折扣。他设身处地为在场的诸位着想，第一句话讲什么，第一件事情做什么，然后一步一步做下去，使大家的感情随着事情的进展而有所转变，最终把大家的敌对情绪都扭转过来。在今天，这就叫作视听教育。现代人总以为现代什么都比古代进步，其实不见得，早在三国时代，诸葛亮就已充分懂得视听教育的原理，而且将其运用到实际当中，收到了神奇的效果。

诸葛亮边抚琴边悲痛地诵读祭文，表达自己对周瑜功业的敬佩以及对其逝世的惋惜之情。祭完后，诸葛亮伏地大哭，哀恸不已，在场的东吴将领既感动，又悲切。诸葛亮冲到周瑜的灵柩前，头撞灵柩，呼喊着“公瑾，我也来了”，欲随周瑜而去，众人见状，无不为之动容。东吴的将领很感动，大大增强了孙刘联盟的力量。

联吴抗曹是诸葛亮毕生的策略。他在没有下山之前，就把当时的天下大势和有作为、有影响力的人物都做了深入地了解，经过长期的考虑与研究，觉得最有可能成功的一条路就是联吴抗曹，这个策略一直到死，他都没有改变，这是非常不容易的。很多人没有这么长远的眼光，只想到眼前，因此计划与目标经常变来变去，最终把自己搞乱了。

诸葛亮先用祭物，后又适时地弹奏周瑜所谱的琴曲，使得大家的情绪一下爆发出来——全场都痛哭流涕，这就表示无须签约或者宣誓，高度的危险已经化解了。但弹曲这件事并非诸葛亮刻意安排的，而是随机应变，看到机会就把自己的目标灌注进去，抓到机会，就要使自己的目标更加彰显，这是诸葛亮很了不起的地方。

临别时，诸葛亮告诉鲁肃退曹的良策。诸葛亮在情绪波动时依然能够保持高度的理智，这是一般人做不到的，一般人到这个时候哪里还去想这些事情。诸葛亮是有备而来，他知道这次不能空口说白话，只是抚慰东吴众将的情绪，还要达到合作的目的，更进一步巩固孙刘两家的联盟。于是，他准备了一套破曹之计，趁鲁肃刚刚接任都督之位，及时献上，然后才会保住荆州。于是，原本剑拔弩张的紧张形势，终于化解为哀恸悲切的感人局面。

学会合理地任用人才

庞统连人带马被乱箭射死。刘备伤心至极，要为庞统招魂设祭，吩咐关平速往荆州请诸葛亮，自己则坚守涪关，并不出战。诸葛亮得知消息，放声大哭，众官无不垂泪。诸葛亮知道刘备进退两难，不得不离开荆州，前往西川。关羽问他荆州重地，由谁看守。诸葛亮说刘备的书信中并未言明，但是关平送的信，用意即是请关羽守荆州。关羽也不推辞，慨然答应。诸葛亮交割印信时，对关羽说："重大责任都在将军身上。"关羽回答："大丈夫既领重任，至死方休。"诸葛亮听见"死"字，心中不悦。问关羽："倘曹操引兵来攻，当如之何？"关羽答："以力拒之。"再问："倘曹操、孙权一齐起兵前来，如之奈何？"关羽答："分兵拒之。"这四个字是诸葛亮最害怕听到的，因为如此一来，荆州必然十分危险。他赶紧告诉关羽，有八个字可保荆州，请他无论如何要记住"北拒曹操，东和孙权”，绝对不能违反这个大原则。

当时诸葛亮心中已经有不祥的预感。因为两线作战是兵家最大的忌讳。他原本有改变主意的念头，但因话已说出，加之关羽的脾气，惹火了很难协调，这才忍住不另提他人。他想把赵云留下来，带关羽、张飞赴西川，又恐刘备起疑，所以没有做出任何变动。

再怎么说，关羽是刘备的结义兄弟，排行在张飞前面，由关羽来担此重任，当然最合适不过。可见组织中的班底或称核心团队，往往会分出亲疏。刘备如果考虑周到，在书信中说明请赵云留守荆州，应该会更好。

中国文化讲伦理，伦理最注重的就是亲疏有别、长幼有序，而不是一视同仁。领导对员工到底是一视同仁，还是差别对待？一视同仁就是以领导为核心，对待每一位员工都一样；差别对待就是对这些人比较信任，对那些人差一点儿。

如果从其中只选择一种，那就偏离了中庸之道，不合乎中国式管理的要求。在不了解员工的情况下，应该一视同仁；若是接触一段时间之后，仍然停留在一视同仁的状态，岂不表示领导连好人坏人都不会分，而且简直是非不明，连最起码的判断力都没有？那还当什么领导！反过来说，领导在一开始就采取差别对待的方式，员工就会怀疑领导是依据哪些标准，也许原本就是成见、偏见在作祟，当然不服气。搞差别对待还容易形成小团体，产生党派之争。

所以领导者嘴上要讲一视同仁，心里想差别对待，逐渐按实际贡献和表现将下属区分为三层。最内层属于核心人物，领导应以“没有你，我会死”的心情来加以礼待，给予特殊的照顾；第二层为“有也好，没有也好”的一般员工，如果他们不能再努力提高贡献度，只能给予一般地照顾和客气地对待；最外层则为“早走早好”的员工，若他们不知自省、自律，就希望他们另谋出路，不要待在这里混日子。领导必须站在公平的立场，确实依据公众目标来考核，不夹杂私心，公正地区分员工。相信员工会认同这种作风的，这就是合理的不公平。最内层的核心人物，是十分值得领导信赖、依靠的少数人。日本人宣称“企业由少数人维持”，中国人似乎把这一句话发挥得恰到好处。让少数有心而且用心的人士，构成坚强的第一道防线。

作为领导，首先必须信任自己的班底，但同时也不能对第二层和最外层员工的意见不闻不问。一方面表示一视同仁；另一方面也要开启最内层的门，让更多的员工可以通过努力而成为班底的一分子。当然，这种做法同样具有防患作用，使班底提高警觉，不但不能够营私舞弊，而且应该更加用心，否则第二层、最外层的人会向领导反映，影响领导对班底的信任。总而言之，在用人方面不管是一视同仁还是亲疏有别，“合理”二字才是最重要的。

建设团队忠诚的文化

魏延一路走下来，虽然有起伏，终究不顺。中国有句话，“百善孝为先，论心不论行”，说的就是心的重要性。中国人对每件事情都会深入了解，不喜欢表面文章，而是注重内在形式，所谓透过现象看本质，这才是要树立团队忠诚文化的用意所在。

关羽奉命攻打长沙，来势汹汹，而长沙太守韩玄旗下众将也并不示弱，尤其是刚刚从襄阳投奔来此的魏延。黄忠说凭他的刀和箭就能拿下关羽，杨龄说要去战关羽。魏延也说要去，却被韩玄驳回。韩玄为什么要给魏延难堪？其实并不是韩玄一个人这样，大部分领导都会这样。魏延是个外来人，刚到长沙没多久就想出风头，那这些老人不是面子全无？所以领导常会给新人一些难堪，主要是为了维护老人的颜面，这一点是魏延不太了解的。魏延有想法也只能跟其他的老人讲，而不能直接跟太守讲，因为跟其他老人讲是尊重这些老人，直接跟太守讲就是让这些老人没面子。如果魏延能懂得这其中的道理，自然就会少吃一些苦，少受一些罪，但他就是不懂这些人情世故，所以一路都不会顺利。

太守韩玄指派大将杨龄先去迎战，不料却被关羽一刀砍死。韩玄大惊失色。他本来就胆小如鼠，也没见过什么大世面，现在更是吓得要命，这时又有一个人站出来了，他就是黄忠。黄忠跟关羽一样身经百战，他们都不把对方放在眼里，其实这也是一种大将风度，表示除了对自己有信心之外，还对老天有信心，相信老天会让自己继续打下去，这才是真正的信心。黄忠有信心，关羽也有信心，他们两个谁都不怕谁，这就叫作旗鼓相当。

黄忠与关羽首次交战便打得难解难分，不分高下。次日，双方再战，仍然难分胜负，于是关羽假装逃跑，趁黄忠追赶时将其战马砍翻在地。关羽并没有杀他，反叫他换马再战。这是因为一方面关羽讲义气，另一方面则是诸葛亮的功劳。关羽并不是以杀人为乐，而是以破敌为目标的人，他为了整体的利益，想到攻打长沙，如果长沙太守肯投降，那是最好的，可以不用杀人；但长沙太守不肯投降，那就只好刀枪相见了。现在想起诸葛亮曾提醒他黄忠是个很英勇的老将，再加上他自己也看出黄忠很讲义气，所以才让黄忠换马再战。只要是讲义气的人，关羽就非常看好。当年虽然关羽跟张辽是对手，但看到张辽很讲义气，所以还是放了他一马。在关羽看来，天下人分两种，一种是讲义气的人，一种是不讲义气的人。讲义气的人他会特别客气地对待。现在他觉得黄忠很讲义气，所以不杀他，再给他一次机会，让他心服口服，说不定他还会来投降，这也反映了关羽深谋远虑的一面。

现在关羽在马上坐得好好的，刀就在手上，只要一挥，黄忠的头就掉了，所以黄忠当时认了，心想死在关羽手上也不算耻辱，就没有反抗，也没请求关羽饶他一命，而是头一偏，等着关羽动手。但关羽并没有杀他，这让黄忠也觉得关羽这个人了不起，讲义气，既然关羽讲义气，自己就不能不讲义气，他往后的表现都受到了这次的影响。

黄忠战败而归，却遭太守韩玄猜忌。黄忠除了善于用刀之外，还有个绝技，就是箭法非常高明，能够百发百中。所以韩玄责怪他明明可以一箭把关羽射死，却不发箭。黄忠也是个讲义气的人，关羽饶了自己一命，自己却要把他射死，除了传出去不好听之外，自己的良心也会不安，所以当他换马再上战场时，他内心的确很挣扎。

夜里，黄忠因不忍伤及关羽，又不能违抗太守韩玄之命而左右为难，魏延劝黄忠弃韩玄归刘备，黄忠不肯。魏延就像现在的某些人，经常跳槽，所以他叫黄忠跟他一起跳槽去投刘备算了。虽然他讲的道理很对，韩玄根本就没有资格当领导，追随这种人的确不会有前途，但黄忠却认为自己既然投了韩玄，就算死也不能做反叛的事，魏延要跳槽可以自己跳，他不干，这就叫人各有志，每个人有每个人的想法，我们没有办法把他们相提并论。

次日，两军再次对阵，黄忠奉命定要一箭射死关羽，却一再违命，对关羽手下留情，更加引起韩玄不满。韩玄是个怀疑心很重的人，我们常说怀疑心重的人通常警觉性也高，如果韩玄的怀疑心用得恰当，那就会变成警觉性，并没有什么不好。可他现在的警觉性很低，怀疑心却很重，可见怀疑心和警觉性并不是在任何情况下都相等的。韩玄一味地猜忌、怀疑，对部属完全不信任，连黄忠也怀疑，可见他对部属完全不了解。他觉得黄忠明明可以射死关羽却只射中盔缨，明显是跟关羽有勾结，如果不杀黄忠，自己就完了，所以很不客气地喊着要杀黄忠。黄忠武艺那么高强，还会怕一个没有武艺的太守吗？但当太守下令要绑一个将领时，将领是不能反抗的，否则就是造反了，跟投降没有什么两样。黄忠既然不愿投降刘备，自然就不会公然反叛韩玄，所以当韩玄说要将他绑起来杀掉时，他也没有反抗，只是反复说自己没有罪，因为他心安理得，只能这样做。

众将纷纷为黄忠求情，韩玄却执意要将黄忠斩首。就在此时，大将魏延突然挺身而出，号召众人反韩玄。从某个角度来说，魏延这样做的确是很合适，因为像韩玄这么坏的太守，根本没必要再跟着他。何况现在反叛的机会也来了，黄忠是大家心目中的好将领，对长沙有过功劳，把他留下来对长沙绝对有好处，可韩玄身为长沙太守，居然不明是非，侮蔑忠良，还要杀了他，这时魏延这么做并没有错。但从另一个角度来讲，魏延毕竟是一个新来的人，当初如果觉得不合适可以自己走，可他当初没走，现在反而鼓动这些老人一起杀掉韩玄，其实也是一种不义之举。

可见同样一件事情，从不同的角度看，会有不同的说法。只有具备自己的衡量标准和理念，才能够当机立断，做自己该做的事。魏延既然觉得韩玄不好，现在又有机会，于是选择反叛，我们说他这种个性的人脑后面有反骨，意思就是，既然他今天会反叛韩玄，将来也照样会反叛其所跟随的人。但也不能一概而论，不能因为一次的表现就判断一个人。

魏延趁机杀了太守韩玄，而后便大开城门，将刘备等人迎进长沙城。魏延参见刘备和诸葛亮，关羽请黄忠相见，黄忠托病不出。刘备与诸葛亮随后到来，待黄忠甚厚，亲自到府上拜访，黄忠终于投降。关羽引魏延来见，诸葛亮却喝令刀斧手推出斩了：原来，他想起由樊城走襄阳的时候，魏延开门欢迎的那一番举动。刘备惊问，魏延是有功无罪的人，为什么要杀他？诸葛亮说："食其粮而杀其主，是不忠也。居其土而献其地，是不义也。吾观魏延脑后有反骨，久后必反，所以先斩之，以绝祸根。"刘备说："若斩此人，恐降者人人自危。”诸葛亮指着魏延说：“吾今饶汝性命，汝可尽忠报主，勿生异心。”魏延诺诺连声而退。

诸葛亮出山前，曾对当代的大人物逐个做个案研究，但那时候的魏延是个无名小卒，在诸葛亮的个案研究里根本没有魏延，所以他完全凭第一印象，见魏延脑后有反骨，不管三七二十一就喊人将他拿下，说他将来是会背叛刘备的。倒是刘备自己觉得不可能，何况人家来归降，如果把他杀了，那其他人还敢来吗？所以刘备是不赞成杀他的。魏延就像一个被董事长赏识，但又被总经理当作眼中钉的可怜人，从这一小段就可以推算他将来即使全心全意跟随刘备，过程也会很坎坷。

第一眼就被认定是一个会造反的人，而且永远不会改变，这就是魏延给诸葛亮的第一印象。诸葛亮看他第一眼就要杀他，甚至临死还想到要杀他，可见给人第一印象的重要性。我们不要用第一印象去判断别人，但是一定要谨防别人用第一印象来论断我们。魏延就是没有注意这一点，给诸葛亮第一印象非常不好，所以诸葛亮要斩了他以绝后患。这种情形下魏延是很为难的，如果他聪明的话，可以做两件事：第一件就是彻底改变自己给人家的观感，也就是改变自己的习惯和作风；第二件就是找机会离开，因为诸葛亮毕竟是刘备集团的关键人物，第一眼就让他看不顺眼，除非有办法改变他，否则将来是很辛苦的。

当然诸葛亮只能接受关羽和刘备的意见，暂时留下魏延。但他警告魏延，既然来到这里，就不能再有反叛的观念和想法。魏延将来如果能好好改变自己，使诸葛亮改变对他的印象，两人自然会相安无事。所以两人将来的关系如何，还得看魏延自己。

刘备等人入城后，黄忠整日闭门谢客，羞作降将，于是刘备亲率诸葛亮、关羽前来拜访。我们可以想一下，如果不是魏延，黄忠早就一命呜呼了，更不会有以后的发展。但大家都很看重黄忠，刘备甚至还带着关羽去跪请他共同为汉室的中兴而努力。可魏延呢？诸葛亮是怎么看怎么不顺眼。黄忠和魏延同时归顺，命运却完全不同，这是什么道理？值得好好研究。

忠诚和能干的组合有四种，分别为：既忠诚又能干，只忠诚不能干，不忠诚却能干，以及不忠诚不能干。中国社会，常见无才的人居高位，担重责。仔细分辨，其中有有德的领导，也有无德的领导。有德的领导，取其忠诚可靠，虽然没有能力，找一些能干的部属，照样可以补足。在诸葛亮看来魏延就是有才无德，不忠诚。所以他要杀魏延，是为了给整个团队树立一个忠诚的文化标杆，凝聚人心。

其实站在一个团队领导的位置上看，团队的重点就是心跟心的结合。我常常问一些企业的领导：“你作为领导，最重视下属的哪方面素质？重视他们的能力吗？重视他们的品德吗？还是重视他们的家庭背景、健康状况？”答案是这些都不是优先考虑的。那领导最关心的是什么？答案是“我的员工心中有没有我”。

所以心是最重要的，我们在看爱情片的时候，常常看到这样的情节：每当男女主角吵架，女主角一般都会说：“我到现在才知道，原来你的心中根本没有我。”可见，无论是在生活中还是在工作中，人们都重视心的存在。

对中国人而言，心是最可靠的。中国式管理讲的就是关心。什么叫关心？就是把别人的心关起来。身在曹营心在汉是没有用的。人在哪里不重要，心在哪里才是重要的。中国人对每件事情都会深入了解，不喜欢表面文章，而是注重内在形式，所谓透过现象看本质，这才是要树立团队忠诚文化的用意所在。

站在老板的立场做事

我们可以举个例子，在隆中对的时候，诸葛亮就对刘备说，你不要直接去打曹操，因为你打不过他，你也不能去挑衅孙吴，因为那会对你不利，你唯一的出路就是联合孙吴共同抵抗曹操。他说得非常清楚，因此隆中对的后一段是一般人没有注意到的，其实，这才是最重要的一段。诸葛亮说，你得到益州以后，我们就兵分两路夹攻曹操，这才是重点，一个从四川过汉中，一个从荆州攻打过去，两路人马打得曹操顾头不顾尾，曹操就彻底地垮了，但是后面这段诸葛亮始终没有机会去实现。

可是我们不能因此说他当初的整个策略是很完备的，所以要入川的时候，诸葛亮没有跟着去，一方面是尊重刘备的领导风格，另一方面，庞统追随刘备入川，而且荆州非常重要，所以他就在荆州留守。后来谁也没有料到庞统那么快就死了，于是，诸葛亮只有追随刘备入川，而荆州又非常重要，荆州谁来留守？这是个大学问。我想请问各位，如果你是诸葛亮的话，你会让谁留守？我相信诸葛亮的第一人选绝对不是关羽，因为他知道关羽是守不住荆州的。有人说：“关羽武艺很高强，怎么会守不住？”只因为他太骄傲，这一点很容易被人家当作弱点来攻击，后来东吴就是抓住了关羽的这个弱点，把他杀掉了。一个人骄傲，其实是最大的弱点。诸葛亮心里想的最佳人选是赵云，如果荆州让赵云守的话，我想可以避免大意失荆州的惨剧。

刘备的后半生很乱，因为关羽死了。关羽一死，整个隆中对垮台，荆州不能丢，无论如何不能丢，荆州关系到刘备长远的发展，因此谁来守非常重要。但是诸葛亮的想法我们很清楚，如果他说：“好，赵云留守，我入川。”这样虽然荆州能保住，但这将成为诸葛亮的一大罪状，有人会说：“诸葛亮有私心，留自己的人，是不是准备自立为王呢？”虽然赵云是留守荆州最佳的人选，可是诸葛亮是幕僚，不是首长，无论从哪个角度来分析，他都不能够建议留下赵云。张飞他是不会考虑的，我相信任何人都不会考虑，让他留守荆州，简直就是把荆州白送给孙权，等于送礼，那更快。

所以留守荆州的人选只有关羽，这是无可奈何的选择。刘备带给诸葛亮一封信，请诸葛亮量才委用，留下一位合适的将领镇守荆州。那我请教各位，为什么刘备不指定？刘备没有指定，这是刘备高明的地方，这里有两个理解的角度，一个角度是，他并不明言，却要诸葛亮去猜。这是聪明的领导者常用的方式。主要原因有三：

第一，加强诸葛亮的责任。刘备自己指定守将，责任完全由他承担。自己指定，万一出了差错，诸葛亮在旁边看笑话，自己更加难堪。不明言，诸葛亮才会用心猜，仔细考虑人选，还要负起推荐的连带责任。这样对刘备非常有利，何乐不为？

第二，表示对诸葛亮的尊重。直接指派将领，等于在众人面前给诸葛亮难看。问都不问一下，根本不把诸葛亮放在眼里，今后众人对诸葛亮也不会那么尊重，岂不徒增领导者的困扰，使核心团队产生矛盾？这种事最好不要做。

第三，预留调整的空间。由刘备亲自指定，万一有什么变化，岂不是朝令夕改？由诸葛亮推荐指派，将来要改变，再由刘备出面，保留更宽广的调整空间。这一点好像刘备没有想通，否则为什么人选定下，就从来不调整呢？

那到底谁决定？我们可以看出来，这是高度的艺术。诸葛亮其实有自己的主见，要把责任交给关羽。但他不说是他的意见，反而指出刘备派关平送信过来，便是暗示要关羽担此重任。这种聪明的做法，既可以激发关羽的自尊，使他不方便推辞，也可以稳定各将领的情绪，认为刘备的主意应该加以尊重，而不便发表意见。这样，还能够以刘备代表的身份，对关羽做一些交代。有这么多的好处，当然要做。诸葛亮喜欢猜，也有能力猜中。刘备乐于让他猜，也有信心诸葛亮知道自己的意思。双方有良好的默契，自然合作无间。刘备说如鱼得水，看来真是这样。

虽然这样谁都没有异议，但是诸葛亮心里七上八下，非常担心，因为两线作战是兵家大忌。所以，读《三国演义》的时候，我们不要看它上面写的是大意失荆州，其实是必然失荆州，迟早非失去不可，为什么？因为关羽太正直了，他很透明，东吴把他当作个案研究，研究了整整一年，对关羽的性格了如指掌。一个人没有神秘感是高度危险的。东吴就抓住关羽的弱点大做文章，关羽一点儿抵抗力都没有，最后连荆州失守都不知道。

我们要知道诸葛亮不是不懂得不要安排关羽留守荆州，他只是顾全大局，所以这个时候最好的解决之道是什么呢？刘备应该主动出面说话，说让赵云留守荆州，我们一起入川。

诸葛亮没有立场，我觉得这个立场很重要。这就告诉我们，一个人再高明，再怎么有前瞻性，再怎么看得清楚，还是得站在老板的立场来决定事情。我想很多的军师和重要的干部最后跟老板都相处得不好，就是因为他们只是站在自己的立场，没有站在老板的立场来做决定，这是很大的危机。

受宠也要有忧患意识

一个人碰到好老板，他面临的难题是什么？三个字，人会变。人是会变的，人的可怕就是因为他会变，今天对你委以重任，明天可能将你打入冷宫，我想这是很多人会遇到的情况，所谓得宠跟被冷落就是一念之差。中国人很少被裁员，领导一般会让你自动辞职。他把你搁置起来，没有人理你，你就只好自己走了。大概很聪明的老板，很少直截了当地开除谁，他有很多办法让你自动离开。所以一个人得到赏识的时候，你要怎么表现；将来受冷落的时候，你怎么收场，这都跟自己的领导的个人风格息息相关。很多人在得到赏识以后，就忘记了自己是谁，把自己捧到很高很高的位置，将来摔下来，那是很惨很惨的。中国人向来就说，我支持你，你放心去做，但是下面半句话从来不说，那就是你要好好做，我就支持你，你不好好做，我就收手不管了，你就会重重地摔倒在地上。

中国人永远说话说半截，那半截需要自己揣摩体会。“我支持你，你放心去做好了”，千万不要相信这种话，因为一年以后，他会说：“我还是支持你，我绝对支持到底，因为我说话算话，只是没有想到你短短一年的时间就把人都得罪光了，你想叫我支持你，也没有办法了，你自己看看吧。”他很快就把你甩掉了。中国话怎么说都对，怎么说都错，这是全世界的人都知道的，英语不可能这样，英语是很死板的，全世界最死板的文字是拉丁文，它一点儿弹性都没有，最有弹性的文字就是汉字，这句话大家好好地去揣摩揣摩。中国人、中国字、中国话，都是摸不着头脑的。一种很成熟的语言，它是不需要文法的，我跟一般人看法不一样，一般人说这种语言很差劲，所以才没有了文法。我不这样认为，文法限制了我们所要表达的思想，形式束缚了语言，这是很糟糕的。西方的文化很僵化，而中华文化很灵活，我想，各位真的要花点儿时间去思考一下这两点的差异。

诸葛亮越被赏识，就越提高警惕。他会想：有一天，我会摔得很重，怎么办？所以当刘备非常听他的话的时候，他就提高警惕了，心想：有一天，连我的话他都听不进去，怎么办？这句话很重要，不是不听我的话，而是听不进我的话，这两句话的意思截然不同。老板很放心，可是他放不下心；而干部很得宠，可是越得宠，将来摔得就越痛。

前面我已经反复提到，刘备用人有一个特点，就是他一个时期只能重用一个人。这么爱才的人得到信息说，卧龙、凤雏都很了不起，可是他重用诸葛亮之后，庞统来找他，他就爱理不理的，只委派他一个小小的县令，后来鲁肃出面说："这是个人才，你怎么可以这样呢？"他才开始重用庞统。重用庞统以后，他的心思就全部放在庞统身上，结果把庞统害死了，然后又来了个法正，他又把注意力转移到法正身上。有的人会同时重用很多人才，曹操就有这个本事，可是像刘备，他就只能一个时期专注一个人才，这一点诸葛亮看到了，因此他有危机感。我觉得各行各业，不管哪一个阶层的人都应该有危机感，我们今天叫作危机意识，实际上是忧患意识，人不能没有忧患意识。"人无远虑，必有近忧。"有了忧患意识，才可以免于忧患，这些道理永远不会随着时间的流逝而褪色。

曹真死后，司马懿接任都督职位。就在诸葛亮与司马懿即将开始新的较量之时，蜀军的将领苟安却延误了军粮，理当判死罪，诸葛亮却严加鞭打。结果非常糟糕。诸葛亮如果当场斩掉苟安，就不会有什么后患，杨仪提醒说苟安是李严的人，李严也是托孤大臣，好歹要看看他的面子。于是诸葛亮就答应了，说死罪可免，但活罪难逃，就此留下祸患。

我们的社会中也经常有这样的人，喜欢提醒别人，想到什么就讲什么，也不去想当讲不当讲，更不去想后果如何，以致后患无穷。

这件事告诉我们一个道理，该严的时候一点儿都不能宽松。

苟安受罚后投降司马懿。这样的案例，我们看过太多。司马懿不相信苟安，说他可能是来诈降的。苟安连连表示诚意，司马懿便让他回成都散布谣言，说诸葛亮想要取代刘禅，苟安当然赶紧从命。

偏偏有人将谣言传给刘禅，而刘禅偏偏又相信了。照理说，刘禅是没有理由相信的，如果诸葛亮要取而代之，何必等到现在？但事态往往转变于一念之间，刘禅原本不相信，或者认为相父取代自己也未尝不可，可转念又觉得当皇帝也蛮有意思，相父做了皇帝后，自己如何是好？

这么一来，情况就发生了逆转，曹真被气死后，北伐形势非常有利，诸葛亮原本可以一鼓作气取得胜利，结果宦官趁机点火，让刘禅降诏把他召回，导致前功尽弃。

诸葛亮当时正召集部下，准备做一番精神教育，把大家的士气激发起来，然后继续北伐，而且他很有信心，这次机会难得，一定可以收复中原，没想到话正讲到一半，圣旨就来了。

“将在外，君命有所不受”，这个办法司马懿在讨伐孟达时就用过。但诸葛亮没有资格这么做，因为他的目标太显著了，随时都有人怀疑他要取代刘禅，就算他丝毫没有这种想法，别人也会添油加醋地说得很难听，因此他要格外地小心，格外地诚惶诚恐，每次见刘禅的时候，都毕恭毕敬地行君臣之礼。按理说，他不必如此，可是他如果不这样做，就会变成董卓、曹操，变成历代所看到的那种倚老卖老的辅佐大臣，更会引起大家的疑心。

所以，诸葛亮在接到圣旨后，决定还是回去，这是很明智的做法。诸葛亮以他的身份、地位以及修养，给了我们一个很好的示范。

下编
辅佐刘禅

刘备在白帝城托孤时说："君才十倍曹丕，必能安国，终定大事。若嗣子可辅，辅之；如其不才，君可自取。"但诸葛亮自始至终衷心地辅佐刘禅，以一己之力抗魏联吴，鞠躬尽瘁直至星殒五丈原。临死前，他用遗像吓退了前来追击的司马懿，从而使得蜀军能全身而退，同时，又安排蜀将杀掉想要作乱的魏延。如此一个聪明绝顶的人物，在那军阀混战的三国时代，为什么就不想黄袍加身，而去扶那个扶不起的刘禅呢？

谋领导之所谋

曹丕得知刘备已经去世，想趁机起兵讨伐，司马懿建议，动员临近蜀国的三个小国，各出一路兵马，另外修书东吴，许以割地，令其出一路兵马，再加上曹魏自己，共五路兵马夹击蜀国，曹丕欣然同意。

司马懿以五路兵马攻打西蜀，这个用现代的话来说，就叫作外包工程，把一个大项目分割成几段，每一小段分别去找外包的人。否则就算出动魏国所有的士兵，也不可能分成五路，况且这五路大军如果相距太近的话，也起不到什么作用，所以司马懿建议曹丕让各路大军从不同的方向攻打蜀国，给蜀国以沉重的打击。

听说曹丕派五路兵马来攻西川，刚刚即位的刘禅，十分慌张。这一反应我们也很容易预料到，因为他知道自己根本没有能力来当这个皇帝，出来接这个班也并不是自己的意愿。对刘禅一般人只有坏印象，只会给予他不好的评价，但我们应该还他公道，刘禅是个很守本分的人，大家硬把他哄抬上台，他自己也毫无办法。就像一个不想坐轿子的人，大家硬要把他拉上去，坐上去又能做什么呢？什么都做不了。他敢不听诸葛亮的，自己乱做主张吗？不可能，所以他只好去斗蟋蟀。大家要将心比心，设身处地地去了解刘禅的处境。

如果诸葛亮的个性跟曹操一样，那刘禅就是汉献帝第二了，幸好诸葛亮不是那样的，所以刘禅最起码表面上还像个皇帝。既然像皇帝，就要关心国家大事，不能什么事情都一问三不知，或者通通让诸葛亮去管，所以刘禅得知曹丕来攻而诸葛亮又生病不在，也是着急得要命，不知道该怎么办才好，这是他必然的反应。

诸葛亮为什么又托病不出呢？大家都知道，他每次托病不出都是有用意的，真的生病大家都会知道，托病不出，大家也知道他一定又在动什么脑筋。这次也是一样，诸葛亮并不是为了做给刘禅看，看刘禅自己有什么本事，到时候要不要来请他。诸葛亮不是这样的人。刘备临终时跟他说，如果刘禅能干就帮助他，不能干就取而代之，他在地上磕头磕得血都出来了。既然承担了这样的重大责任，怎么可以耍手段呢？既然答应了人家，就要把事情做好，把责任扛起来。这次诸葛亮深居不出，是想充分利用时间，好好考虑怎样去对付那五路兵马。所以刘禅来看他的时候，他还觉得很突然：怎么皇帝来了呢？可见他心里并没有那些杂七杂八的念头。

入庭后，刘禅见诸葛亮在园中赏鱼，问诸葛亮安乐否？当然这是很没有礼貌的，哪有一个在官宦之家长大的人会问这种话的？说安乐否，意思是你玩得很愉快呀，看着池中的鱼，很闲情逸致吧。那是在指责诸葛亮根本就不负责任——国家面临这样的困境，你却躲在家里看鱼，你称职吗？像个丞相吗？这完全等于是在骂诸葛亮。

刘禅并没有受过很好的教育，这个我们也不能怪他。但是诸葛亮并没有介意，因为他知道刘禅不是有心的。人与人之间一定要互相包容，互相理解。刘禅只是很幼稚、很天真、很无知，但并没有什么恶意，所以诸葛亮不会跟他计较，我们也不应该怀疑刘禅的动机，何况他也没那个能耐。

诸葛亮笑着扶刘禅进屋坐定后，说来攻的五路兵马自己已经退了四路，随后便讲出了自己的计策，并派人分头实施。有这种可能吗？答案是你相信就有，不相信就没有。很多事情都是这样。那边司马懿无中生有，自己只有一路兵马，却调动了外面的四路兵马。这边诸葛亮也是无中生有，找关系劝说其中的一路兵马，说他承包这个工程一定是亏本的，最好趁现在还没有动工就赶紧推掉；吓唬另一路兵马，说如果他敢动一动，就给他好看。用利诱、威胁、说情等各种方法，把其中的三路兵马都吓退了，对魏国自己的那支军队就只守不攻，这样一来，就只剩东吴的那路兵马。所以诸葛亮在家里不是真的优哉游哉地看鱼，而是费尽苦心，以虚治虚，以实治实，方方面面都考虑得很周到。否则只要有一点点差错，这五路兵马就退不掉了。

刘禅听后欢喜而出，诸葛亮弯腰恭送，对刘禅十分恭敬，这不是没有必要的。之前已经讲过，如果诸葛亮对刘禅不恭敬，那他就跟曹操没什么两样了。在皇帝年纪比较小的时候，往往都会指定辅佐大臣。辅佐大臣如果真心诚意地指导小皇帝，帮助他，让他成长，那么就是好的辅佐大臣；如果一切为所欲为，一心只想让自己的口袋鼓起来，这样的辅佐大臣只不过是拿小皇帝当傀儡，就成了曹操了，就是国贼了。所以如果诸葛亮倚老卖老，认为刘禅的父亲跟自己是老朋友，刘禅啥都不是，什么都要听他的，那他就不是诸葛亮了，我们也不必佩服他了。虽然所有事情都是诸葛亮拿主意，都是他在发挥作用，但既然已经答应人家，就应该维持最起码的君臣之礼，换句话说，最起码要守自己丞相的本分。因此诸葛亮任何事情都要上奏刘禅，而不是随便地跟刘禅交流，说自己打算怎么做，这是诸葛亮修养很好的地方。

司马懿想出五路兵马去攻蜀国，其中有一路是孙吴的。可是孙吴会出兵吗？诸葛亮认为孙吴嘴巴上答应，但一定会先观望，看看其他四路兵马的动静，如果其他四路都胜利了，他再出兵；如果其他四路打败了，他根本就不会出动。为什么诸葛亮料定东吴会有这种反应呢？说难听一点儿，就是因为东吴的信用早已经荡然无存了。个人的信用重要，一个集团的信用也很重要。

刘禅很可能似懂非懂，唯唯诺诺，不方便插嘴。他就算真的听懂了，又能够说些什么？他先天不足，没有经过实战的磨炼，现在又面对这么高明老到的丞相，除了听从相父，多多学习、体会之外，还能够做什么？彼此的配合，在这种情况下，恐怕也只能如此。

诸葛亮不篡位，是他的美德。刘禅不多话，当然也是良好的表现。我们不应该因此而看不起刘禅，何况他在今后的日子里，经由不断的学习和历练，总有一些长处值得我们欣赏。不妨拭目以待，暂时不要全盘否定才好。

刘禅的故事提醒我们，父母再忙碌，也应该抽出时间对孩子好好加以教导。刘备在荆州的时候，生下刘禅，适逢曹操的大军突然杀到新野，一路被追到当阳长坂坡，和妻子失散。幸好赵云单骑救主，才把刘禅救出来。后来孙权听说刘备西征，派人把孙夫人接回东吴。夫人想把刘禅一起带走，诸葛亮让赵云截江夺回。从此，刘禅便被安置在安全的舒适环境中，不像孙权那样，从小便追随在父兄身边，接受严格的磨炼。

或许是刘备半生戎马，到年近半百时才生下刘禅，晚年得子，加上又是独生子，难免更加疼爱，而疏于教导。如果是这样，那就更不应该。因为生得少就应该教导得更好，才是为人父母的道理。子不教，父之过：养儿子不教，害自己全家；养女儿不教，害别人全家。不论生多少，孩子什么情况，对其进行教养都是父母不应该推卸的责任。

以诚感人，以德服人

孙权因为害怕刘备反攻，派人到南中，散布蜀军失败的消息，并鼓动南中兴兵作乱，以威胁蜀国。

诸葛亮在刘备死后，当然想过自己的处境和出路。这时候退休，归隐山林，不但说不过去，而且实际上行不通。魏、吴一定会派人来礼聘，如不答应便可能会谋害他全家。如果干脆向魏或吴投降，把这个烂摊子甩掉，那当初又何必下山，徒然辛苦这么多年？算来算去，只有硬着头皮，鼓起勇气继续往前走。熬到诸葛亮这种地步，已经是毫无退路了。既然如此，当初的隆中对是不是应该修正一下，以便做好准备，重新振作起来，走出一条光明的大道呢？

建兴三年，蜀国边境的蛮王孟获联合建宁太守雍闿起兵犯境。诸葛亮得知消息后，上奏朝廷，决定亲率大军前去平定叛乱，可是后主刘禅却只在后庭斗蟋蟀，迟迟不来上朝。见此情形，诸葛亮深感无奈。

在历代的皇帝中，有很多是自愿登基的，有的甚至是想尽办法才登上皇位，但也有很多根本就不想当皇帝，只是被迫才当的，刘禅就属于后者。像他这样的人，我们可以把他叫作制度上的悲剧人物，因为是当时的制度害死了他。

刘禅不喜欢上朝，一心只想着玩，以他的个性和当时的处境，就算想当这个皇帝也当不好，何况他根本就不想当。勉强刘禅当上皇帝又能怎么样呢？刘禅后来之所以很相信宦官，就是因为只有宦官整天陪着他玩。一个是看到他就讲道理的人，一个是看到他就陪他玩的人，他当然更喜欢后者。这样一来，诸葛亮就很为难了，他是刘禅的辅佐大臣，样样管就显得太霸道了，很容易让人怀疑他的动机，所以诸葛亮知道刘禅因为斗蟋蟀而不上朝，并没有多加劝说。

我们不能说谁对谁错，只能说当时的世袭制度不好。很幸运的是世袭制度已经过去了，现在我们看《三国演义》，一定要把制度的问题撇开，不能再学那一套，难道只有刘家的人才能当皇帝？不一定的，改朝换代已经不是一两回了。自家人有能力继续当皇帝，当然没有话讲，可要是没有能力，何不让有能力的人当呢？

诸葛亮如果是想通过攻打孟获，是为了获得更多的土地吗？诸葛亮决定亲自去打孟获并非为了别的，而是因为孟获犯境在先。

我们中国人说，你不打我，我不打你，可是你打我，那我不能不抵抗，因为我们要固本安边。诸葛亮此番是为了安边，而不是为了侵略，不是为了使南中成为蜀国的殖民地才去打孟获的，知道这一点非常重要。

刘禅听说诸葛亮要亲率大军去平乱，非常紧张，马上说“相父不要弃朕而去，否则吴、魏来犯怎么办？”如果刘禅自己想管事，那他会恨不得诸葛亮走得远远的，最好能在外多打几年仗，自己也好治理国家。可刘禅这样说，就足见他根本没有那种想法，他非常依赖诸葛亮，并不想打击诸葛亮或夺诸葛亮的权，自己好作主张。

其他大臣也劝说诸葛亮不要亲征南蛮，但诸葛亮坚持己见，不为所动。要是诸葛亮是个很霸道的辅佐大臣，他说要亲征南蛮，谁敢有不同的意见呢？现在有不同的意见，就说明他这个人并不霸道。从周围的人跟诸葛亮的互动来看，说明诸葛亮平时还是很尊重大家的，否则他说你们凭什么反对我，或者说吾意已决，谁再反对就斩，也行啊，可他从来没有这样，这是诸葛亮非常了不起的地方，也是他跟其他辅佐大臣不一样的地方，非常值得我们学习。

孟获所代表的南方少数民族文化不如我们中原发达，当时如果没有诸葛亮去攻打孟获，西南的开发又要推迟若干年了。这一点，我们要非常感谢诸葛亮。诸葛亮开拓西南，并不是去侵略少数民族，而是用自己的文化去吸引他们，让他们自然而然地归顺我们，这才是我们爱好和平的表现。还有我国的东北一带，也不是靠打仗得来的，靠打仗会死伤很多，而且还不一定会成功，而靠先进的文化就不一样。我们知道，满清入关之后，前几位皇帝都非常热情地主动汉化，就是因为中原的文化先进，否则要中原人主动去汉化满人，谈何容易？

我们中华民族最大的优势就是文化，现在有些人一提到文化就想到物质文明，这是我们应该反省的地方。文化有物质的，也有非物质的，我们胜过世界其他民族的，是非物质的文明。虽然近四百年来我们在物质文明上输给西方，但我们还有更好的非物质文明值得好好发扬。诸葛亮当时就是利用文化上的优势去跟孟获互动，这个跟打孙吴和曹魏是不一样的。

诸葛亮亲率大军到达云南后，驻扎在永昌城中，一夜，随行而来的大将马谡，来到诸葛亮帐中，诸葛亮便趁机询问马谡对此次交战有何高见，马谡说擒拿孟获容易，让孟获心服很难。马谡说的这一点让诸葛亮非常欣赏，因为诸葛亮知道，要打孟获太容易了，一个礼拜就能把他打下来，可是要想让孟获心服口服却不太容易，就算打赢了他，蜀军一退，他又要反叛了，这样害得自己疲于奔命不说，还会影响蜀国的北伐大计。但是现代的西方国家就没有诸葛亮的这种想法，他们认为我比你强我就要打你，还要把你打得不能翻身，却没有想到这样一来，双方扯多少年都扯不完。诸葛亮一开始就想去感化孟获，而不是强行地去压制；要让他们心服口服，而不是存心要把他们打得很惨。这一点，马谡倒是和诸葛亮不谋而合。随后，两军交战，孟获派出的两员大将战败被俘，诸葛亮亲自为他们松绑，并热情地款待他们。

这种事情如果是曹操来做，我们就会说曹操是想收买人心，可是由诸葛亮来做，我们就会说诸葛亮是想收服人心。一个是收买，一个是收服，不同的人来做，我们给予的评价也不一样。想收买人心的人所做的事情并非出于真心诚意，而是为自己接下来的为非作歹做掩护。可是诸葛亮没有这种想法，他收服人心的出发点是想大家好好相处，彼此谅解，并不是自己要从中获得什么利益。因此，诸葛亮死后，孟获那边的人不但痛哭不已，而且还替他造庙。这些都不是诸葛亮想要的，一个人不想要而自然获得的东西才是最真实的。如果诸葛亮勉强他们一定要这样做，那他死后孟获那边的人肯定是高兴而不是悲伤，这其中的道理非常值得我们用心体会。

有人说我们中国人对自己人比较严苛，对外国人比较宽松，其实这才是一个文化大国应有的心态，但是千万要记住，只有自己的文化优势还在的时候才可以这样做，否则就是懦弱的表现。诸葛亮现在不是懦弱，也不是怕死，他有文化上的优势，知道自己这样做对方不会说他是懦弱，好像自己打不过别人，想要别人手下留情一样。诸葛亮打败他们轻而易举，但他仍这样热情地款待，表现出来的修养与仁德，那两位南蛮将军也心中有数。

由于文化水平的差距，当时南方人跟中原人的表达方式不大一样，这两位将军说话相当直接。他们说并不是自己想打仗，只是首领孟获下令要打，作为下属没有办法不得不打。我们中原人大概不会讲这样的话，但是他们习惯于心里想什么就直接说出来，从他们的举止行动以及各种反应可以看出来，他们的文化跟中原文化差别还是挺大的。

诸葛亮宴请完孟获手下的两员大将，便送上厚礼，放他们回去了。不久后，蜀军与孟获再次交战，诸葛亮略施小计，便生擒了孟获及其部众。

孟获当然不服，老实讲是因为他的文化水平不高。有见识的人会从中知道诸葛亮并不简单，没见识的人才会觉得他徒有虚名，不过如此而已。现在孟获看不懂诸葛亮，所以他马上就要吃亏了，包括跟他在一起的人，都要跟着倒霉。

诸葛亮释放孟获，孟获连谢都没谢一声。因为他认为诸葛亮是要诈擒获自己的，并没有什么了不起。他们习惯正面交战，根本就没有什么兵法。可是诸葛亮没有必要跟他硬拼，略施小计他就跑不掉了。孟获不服气是孟获的事，诸葛亮怎样抓他是诸葛亮的事，我们只能说孟获中计是活该，谁叫他打不过人家呢？可是他就是不服，我们也要尊重，因为他不懂得其中的奥妙所在，只是用自己的水平来衡量。

其实诸葛亮不仅放走了孟获，还释放了随同孟获被擒的士兵，并且赠送他们酒食米粮。这样就是马谡所讲的要收服人心，而不是要侵略这块土地，把孟获这些人打死，你怎么知道除去了孟获，不会来个比他更坏的人呢？况且这些人很自然地让孟获来领导，一定有原因，外来人最好不要随便介入或者评判这些事情。

现在很多西方国家都不懂这些，老是用自己的标准来说别人不对。你怎么知道撤了这个领导人，换下一个领导人就不会乱呢？诸葛亮那么早以前就看懂了这些，这是西方的政治家、军事家和思想家都应该好好学习的。

诸葛亮善待士兵，还送他们粮食，士兵们感动之余，一定会慢慢地传出去，说诸葛亮多好，不是来打他们的，而是来照顾他们的。一个是侵略人家，一个是教化人家，这是西方跟我们最大的不同。

诸葛亮善待孟获，但孟获并不领情，回到山寨就开始谋划反叛了。但这次依然以失败告终，孟获的将领趁孟获酒醉，把他捆绑起来送给诸葛亮。

诸葛亮还是以礼相待，因为他根本就无心杀孟获，而是想收服他，否则第一次就杀了。孟获对诸葛亮说，这次只要放他回去，他就会率众来降，当然不会是真话。要投降现在投降就好了，为什么还要回去率众来降呢？所以这分明就是孟获的遁词。可是，诸葛亮还是装作信以为真的样子答应了他。要是诸葛亮把脸一板，当场揭穿孟获的谎言，看起来很聪明，结果只会聪明反被聪明误。然而诸葛亮是个真正聪明的人，平常不会表现出很聪明的样子，这就是老子所讲的深藏不露。

凡是想迫不及待地表现出来的聪明都是小聪明，真正大智的人是若愚的。看起来笨笨的人才可能有大智慧，看起来非常聪明的人其实都不过如此，这种道理只有中国人最清楚。一个人不懂得含蓄，不懂得深藏不露，知道点儿什么就赶紧外露，是很粗浅的表现。现在诸葛亮装成什么都不知道的样子，更能显示出他的智慧。

孟获一再被擒，都不心服，怎样对待这样的人？如果诸葛亮现在放弃当初的计划，那他大老远地赶来不就前功尽弃了吗？就像很多父母，都说拿自己的孩子一点儿办法也没有，怎么说都不听，想放弃教育了。父母把孩子养这么大，现在放弃了，那以前受的苦有什么意义？所以，就算碰到孟获这样的人，诸葛亮也不应该放弃。

孩子不可能没有救，只是父母的力道不足而已，哪天力道足了，孩子就听你的了。孟获就像个不听话的小孩儿，要是诸葛亮的耐心不足，第一次对他笑眯眯的，第二次对他还算客气，第三次就翻脸斩了他，那就说明诸葛亮前面都是装的了，并没有什么诚意。一个人要经得起对方的考验，这一点诸葛亮做到了。他第一次抓到孟获后笑笑，孟获不知道是真是假，第二次也很热情，孟获还不知道是真是假，诸葛亮就这样捉了放，放了再捉，孟获使出各种招数，诸葛亮逐一破解，总共七次擒得孟获，七次都无条件释放了。

诸葛亮最后一次释放孟获，还送了一些粮食和衣服给孟获的军士，告诉他们回家好好过日子，不要老想打仗。一经战乱，军士死的死，伤的伤，日子很不好过，所以都发自内心地请求孟获不要再打了。孟获可能也觉得这样打下去对不起自己的部队，心也开始软化了，只不过以他的个性，要他马上表示投降恐怕还做不到。

孟获一定也没有想到，连妻子祝融夫人也劝他投降。他周围的人一开始都跟他站在一起，要共同对付诸葛亮，现在一层一层地剥掉了。此时孟获可能觉得自己慢慢变得孤单了，渐渐脱离群众了，于是开始反省自己是不是做得太过分了。这些都是诸葛亮想要达到的效果，现在逐渐在兑现。可见，很多事情刚开始好像没有效，但随着力道加强，就开始产生作用了。

孟获表面上还是很坚强，认为诸葛亮每次都引他上当，这样的胜利是不光明的，所以始终不认输，语气还是很硬，说一句“我不投降”就走了。他没想到的是，诸葛亮叫人送干粮给他，告诉他好走，好好去找一个地方。这么一来，孟获最后的一道防线就崩溃了。

如果孟获被诸葛亮追赶、辱骂，他还会抵抗，而诸葛亮却完全尊重他的选择，他真正地被感动了，觉得自己太不像话了，做人不能这样。所以后来他跟诸葛亮讲，虽然自己没有经过什么教化，但是心也是肉长的，自己如果再不投降就是无耻。孟获此次投降是真心的，而且是长远的。

孟获投降，率众把土地献给诸葛亮，他是诚心诚意要投诚的，从此归顺蜀国。如果诸葛亮接受，就表示南川成了蜀国的殖民地，那跟外国侵略并无二样。然而，诸葛亮原封不动地还给孟获，说仍旧由他来管，所有的人民和财产蜀国都不会动。孟获不敢相信这是真的，又恳求诸葛亮指派官员来治理此地，诸葛亮说一切照旧，这次来是为了修好，不是来占领土地、统治人民的。诸葛亮用实际行动，使得所有南中人民永远感谢他的好意。

诸葛亮没有带回任何奴隶，没有掠夺任何财产，也没有指派一名官员，反而使得南中人民自愿归并到蜀国，成为中华民族的一分子。中华民族不靠侵略来扩大版图，只是把自己的德行修得非常好，使得四方的人闻风而来，自愿归属到我们的版图里，这种状况是世界上非常少有的。

诸葛亮七擒七纵孟获，值得吗？肯定是值得的，因为从那以后，诸葛亮不再担心南方作乱，从而可以一心一意地完成北伐使命。当然，这个使命能不能完成，那是另外一回事。他千里迢迢来到这不毛之地，历经千辛万苦，用无比的忍耐，最终获得了非常显著的胜利，而这种胜利并不是带回什么有形的东西，而是带来无形的、长远的和平，这才是老百姓最大的福气，这才是真正的胜利的战争。

培养接班人的远见

人终究免不了一死，因此，每个人年老的时候，大可不必惊慌，因为没有人能够把所有的事情办完再走。不如效仿英国前首相丘吉尔的潇洒态度："酒店打烊，我就走！"来去清白，何必挂虑？但是，对事业和组织而言，则不能说走就走，撒手不管。因为群龙无首势必会引起各种纷争，造成很大的混乱与危机。所以不论是一个国家还是一个企业都绝对不能出现群龙无首的局面，只要出现了这种局面，势必会引起各种矛盾，造成很大的混乱与危机。所以接班人的妥善安排十分必要。将育才制度化，让继任者承接得宜，才能保证组织的长远发展。

诸葛亮清楚地认识到了这一点，作为蜀汉的一位领导者，他有责任培育继任者，让事业得以生生不息，不至于因为他的去世而导致蜀汉的衰亡。

祁山在现在甘肃礼县东、西汉水的北侧，位于诸葛亮北伐的主要进军路线上，山上有十分坚固的城池，为兵家必争之地。诸葛亮对魏延一开始就没有好感，要不是刘备劝阻，早就砍了他的头。后来刘备一再提拔魏延，并让他随同入川。魏延东征时已封为镇北将军，甚得刘备信任。这次追随诸葛亮北伐，他向诸葛亮建议取道子午谷，攀援秦岭，然后直扑长安。诸葛亮却认为这并非万全之计，不予采纳。魏延怏怏不乐，幸亏赵云以半百高龄，连斩曹军五将。关兴、张苞建有奇功，魏延趁机骗取安定城。蜀军士气大振，打算攻取天水。

中郎将姜维向天水太守马遵献策，起兵出城，只留文官守城，待赵云来攻打时，才内外夹攻。此计果然奏效，赵云首尾不能相顾，只好冲开一条路，引败兵奔走。姜维赶来，幸好张翼、高翔赶来救援，赵云才得以逃回大寨，向诸葛亮说中了敌人之计。又说姜维年纪轻轻，功夫了得。当地人告诉诸葛亮：姜维字伯约，天水人，事母至孝，文武双全、智勇兼备，真当世之英杰也。

《三国演义》我们看到现在，应该很清楚一句话，叫作一方水土养一方人，每个地方都会培养出一些人才，人才不会集中在某个地方。南中的孟获是个人才，西北的姜维也是人才，到处都有人才。所以诸葛亮经常说，不要小看当地的人，当地人会有意想不到的表现，现在姜维就是这样，虽然地处偏僻，却年纪轻轻就有大将之风。

因此，我们到一个新地方，千万不要自大，一定要尊重当地人，入境随俗，先了解适应，然后再提意见，这样会比较实际。

一个人不要怕别人不了解他，不赏识他，而是要不断地充实自己，直到有一天伯乐来了，一眼就看出你是人才。我们常讲，千里马常有，而伯乐不常有。现在，姜维就是一匹千里马，需要有伯乐来慧眼识英才。

赵云就是一个伯乐，他见多识广，除了会打仗，还会识人，一交手就知道对方的高下。韩德的四个儿子一出手，赵云就知道不过如此，很快就将他们斩于马下。但是碰到姜维，赵云觉得这个年轻人了不起，此地会有这样的人才，真是出乎意料，因此回去后就告诉诸葛亮，姜维不简单，对他要另眼看待。

诸葛亮感叹遍访贤士，尚未遇见姜维这样文武兼备的人物，他在想什么？诸葛亮因为太操劳，年纪虽不大，但体力已衰弱，日渐力不从心。在这种情况下，任何人都会注意寻找传人，授予自己生平所学，以期完成自己未竟的事业。因此，当诸葛亮听说有姜维这号人物时，感觉很好奇，姜维的事迹听得越多，就越觉得这是他要找的人。

中国人常说年少时要慎选师父。年轻人如果跟错了师父，学五年就等于浪费五年，而且后患无穷，现在的人随便拜师，其实是不合适的。但同时，年老时也要慎选徒弟。纵观历史，很多师父把徒弟教得很好，但十个师父有八个死在自己徒弟手上，因为徒弟若不干掉师父，就不可能取代师父的地位。因此，很多师父就留一手，这也很糟糕，如果每个师父都留一手，技艺就会一代不如一代。诸葛亮走的是正道，并不想留一手，但他也深知随便收徒非常危险，因此一直以身作则，非常重视这件事情，非常谨慎地选徒，现在他选中了一个人，就是姜维。

诸葛亮听说姜维侍母尽孝，这成为他思索的重点。当年徐庶跟刘备在一起的时候，曹操得知徐庶很孝顺母亲，就把徐母当作人质，骗徐庶过来。现在，诸葛亮听说姜维很孝顺，也想在姜维母亲身上动脑筋。

这一点，诸葛亮跟曹操在形式上可能是一样的，但动机和结果却截然相反。从动机上看，诸葛亮诚挚地邀姜维过来帮忙；曹操则不管徐庶跟自己立场是否相同，不管徐庶愿意与否，都要强迫他过来。从结果上看，姜维会得到重用，人尽其才；而徐庶在刘备那边不能够发挥才干，只是迫于无奈才依从曹操，他在曹操身边简直是受罪，曹操也并不在乎。所以，我们看事情要重视动机和结果。如果只看到形式，就说诸葛亮跟曹操一样，那是不合理的。

得知姜维之母住在冀县，诸葛亮派魏延前去攻打。别的地方被攻陷，姜维都会指挥若定，颇有大将之风，可是一听说冀县被打，他就特别敏感。冀县并非军事要地，但是他的母亲居住在那里，现在听说诸葛亮派兵攻打，他想到自己的母亲处境危险，非常慌张。这也证明，姜维确实很孝顺。

姜维带兵前往冀县，在城外与魏延交战，魏延依诸葛亮之计诈败而逃。魏延那么轻松地将姜维骗入冀县，姜维为什么不会怀疑？可见对于一个侍母至孝的人，得知母亲有难时，必定第一时间前去搭救，往往不会先冷静地分辨真伪，以防受骗。现在姜维心中别无他念，只想救母，所以轻易地就上当了。

诸葛亮叫夏侯楙帮忙招降姜维，他只想保命，根本无暇顾及其他，所以满口答应，而自己却对来龙去脉一无所知，这就是天命。如果夏侯楙有点儿智慧的话，一定会想：姜维有这么重要吗？是我重要还是他重要？为什么让我去招降他？是不是他将来会怎么样？可夏侯楙根本没有去想，就是那只看不见的手使他这么糊涂。可见，人是很有意思的，时而聪明时而糊涂，我们要做的，就是找出一个脉络，知道什么时候该聪明，什么时候该糊涂。

我们常说“旁观者清，当局者迷”，此话不假，我们作为旁观者时，对错是非、前因后果都一清二楚，好像我们很高明。可是一旦身处其境，我们就不辨真伪、稀里糊涂了，这都是因为人有私心。

夏侯楙现在就有私心，他不管姜维怎么样，也不管魏军怎么样，只求保住性命，所以就很糊涂，容易上当。

夏侯楙投降其实也是假的，只要有机会，他一定会逃回魏国，因为他在魏国有地位，在蜀国不过是个降将。这一点诸葛亮很清楚，诸葛亮就是利用夏侯楙的这种心理，来玩一出游戏。

夏侯楙在去冀县的路上，碰到一群自称来自冀县的老百姓，说姜维已经投降诸葛亮了。夏侯楙有些疑惑，果真如此的话，诸葛亮为什么还叫他去招降姜维呢？再找其他老百姓问，都是这么说，又见这些百姓的衣着打扮都是冀县的，夏侯楙就深信不疑了，丝毫没有意识到这是诸葛亮设计骗他。兵荒马乱中，一般人都容易被片面的资讯所蒙蔽。

如果夏侯楙有点儿警觉性，叫探子去探明真假，再想想原因，就不会上当了。可是他没有，可见他脑袋空空。夏侯楙一到天水就大骂诸葛村夫，又说姜维已经投降，这样一来，就把姜维推上了绝路。这正是诸葛亮要夏侯楙做的。

如果以职位衡量，夏侯楙是都督，姜维不过是将领，夏侯楙分量要重一点儿。好不容易抓到都督，为了一个姜维就将其轻易放掉，合算吗？这得看怎么算，如果按照目前的状况，当然不合算，可如果往长远看，将来姜维为蜀国做出的贡献，显然是夏侯楙不能比的。

所以，我们看事情不能光看眼前，一定要看长远。可惜现在的人多半以眼前利益为重，没有想到未来。当然，要具备这种眼光是需要历练的。诸葛亮很清楚，抓夏侯楙易，收服姜维难，而姜维人才难得，无论如何要收过来好好教导，所以诸葛亮这次特别用心，将擒孟获时总结出的一套以柔克刚的方法用在姜维身上，效果显著。

见蜀军正在运粮，姜维前去拦截，途中却中了蜀军埋伏。老实讲，即使诸葛亮这么高明，偶尔也会中计。思维再缜密的人也难免有疏失，不可能百分之百地命中。姜维此时方寸已乱，无法像平常那么镇静，因此也会犯错，会中诸葛亮的计。何况，姜维遇到的是比他更高明的诸葛亮。所以，姜维上当是合情合理的。如果姜维比诸葛亮还高明，他可能早就出头了，早就取司马懿而代之了。所以人外有人，天外有天，这个道理始终是存在的。

当姜维返回冀县时，发现城池已经被魏延占领，只得改走天水。姜维到了天水，以为回到家了，高喊“快开城门”，但城上却乱箭齐下。因为夏侯楙到天水后告诉太守马遵，说姜维已降诸葛亮，所以大家都视姜维为敌人，当然不会放他进城，甚至放箭想把他射死。这也是诸葛亮设计所要达到的一种结果。

正当姜维四面受困，走投无路时，他的母亲却突然出现了。姜维的母亲就算有天大的本事，也不可能以一个妇道人家，现身于乱军当中。这绝非偶然，而是诸葛亮的安排，是要在非常安全的保障之下，让他们母子相见。诸葛亮老早就跟姜母沟通好了，他告诉姜母你的儿子是个了不起的人物，我非常赏识他，他在曹魏的领导之下，终究没有好日子过，就算官升得再大，也没有什么意义。如果他能够归顺我们蜀国，可北定中原，重振汉室。姜母对这些也早有所闻，所以当她看到诸葛亮的时候很高兴，说姜维应该跟诸葛亮才对，现在诸葛亮肯收留他，作为母亲，她非常感谢。相比之下，曹操跟徐庶母亲的互动过程就完全不同。

姜维的母亲说姜维好糊涂，这话听起来似乎很熟悉。当年徐庶回到许都去见母亲，徐母第一句话就说："儿啊，你好糊涂！"天底下母亲的心情是相同的，在母亲的心目当中，儿子再大也还是孩子，如果做错了事情，必然是犯了糊涂。

现在姜母一见姜维就说，你好糊涂，有这么好的机会，居然还执迷不悟，还在打什么呢？赶快过来拜见诸葛丞相。姜维想了想，前有诸葛亮，后有关兴，根本没有退路，只好投降。诸葛亮慌忙下车而迎，拉着姜维的手说："吾自出茅庐以来，遍求贤者，欲传授平生之学，恨未得其人。今天遇到你，吾愿足矣！"

少年慎择师，老年慎择徒。诸葛亮说的是真心话。姜维大喜拜谢，共商取天水、上邽的计策。于是天水、上邽、冀县三地悉归蜀汉。远近州郡，也都望风归降。诸葛亮整顿军马，尽提汉中之兵，前出祁山。这一次北伐，获得姜维这一员大将，确实是最大的收获。诸葛亮自知年纪逐渐变大，急需培养接班人，得到姜维，当然是“吾愿足矣”。

一个人到底是圣贤还是凡人，关键在一个字——“无”，“无”的程度高，他就是圣贤；“无”的程度低，他就是凡人。就像出门不带钱的人才是有钱人一样，一辈子老在“有”这个层次打转的人，其实很可怜，就是我们所讲的“想不开”。非要抓住权力不放的领导，身心疲惫，你要权力干什么？你认为“有”就有，你认为“没有”就没有？员工尊重你，你没有也等于“有”；员工不尊重你，你“有”还是等于没有。其实“有”和“没有”，是如影随形的，是永远并存的，不可能割裂的。

一个领导在创业初期，确实应该亲力亲为，带领大家一起奋斗。但当企业走上正轨后，领导就要逐渐放手，将权力移交给下属。这就像教小孩子走路一样，当一个小孩儿蹒跚学步时，你扶着他，他才敢走路；如果你一开始就撒手不管，小孩儿就会摔倒，以后他就不敢走了。等他渐渐走得稳了，就要放开手，让他自己去尝试，如果此时你还不放心，还要扶着他，那他一辈子都不会走。

管理员工也是同样的道理。一开始，领导要带着员工，教会他们怎样做，否则是不负责任，领导的责任是保证员工能够完成工作。员工成长到什么程度，你就放手到什么程度，这个“度”要自己去拿捏。

“无”不是什么都不做，而是做到合理的地步。很多领导都是从“有”开始的，所以舍不得放权，或担心员工做不好，这样一生占有权力会很辛苦。刚开始，领导要样样做给员工看，因为你有经验，知道该如何做。等你把所会的知识都传授给员工后，就要逐渐放手，让他们自己去尝试，而你得抓紧时间充实自己。员工成长了，你也得成长。当你的员工不太相信你，或者他们给你提出很多意见，或者你交代的事他们推三阻四，甚至玩点儿花样，你就应该明白问题出在你身上，要从自身找原因。老是责怪别人的人是不可能成长的，而随时检讨的人，才会不断地提高。

其实，人生就是从“有”到“无”的过程，人一生下来就开始“有”，到死亡以后就变成“无”。领导者要体会到这一点，从“有”慢慢修炼到“无”。在“有”的时候，你会不断成长，越来越好；当你过了50岁之后，渐渐地腿没有力气，眼睛模糊，牙齿松动，头发掉落，就应该进入“无”的境界。如果这时候你还要继续奋斗的话，就会有损健康。就像诸葛亮一样，他是智慧的化身，且一生勤勉。当了蜀国丞相后还凡事亲力亲为，就连处罚士兵这样的小事都要亲自过问，生怕别人处理得不公正，结果劳累过度，英年早逝，给蜀国带来了致命的打击。

领导应该做无形的工作。有形的、具体的工作，要交给基层员工去做。领导做的都是伤脑筋的工作，伤脑筋谁看得到？但是伤脑筋是有作用的，想想这个人为什么不高兴，怎么抚慰一下；想想那个人是不是太嚣张，怎么牵制一下。这些都是无形无迹的，写工作报告的话根本写不出来。培养接班人是一个企业发展的正道，企业能否得以延续在此一举。

识人不能只看表面

司马懿举荐张郃为先锋，引军 20 万，出关迎战。他料定诸葛亮一向谨慎，不敢走子午谷。这样，街亭就成为诸葛亮必经的要地，务必先断其要路，以绝其粮道。蜀军若一月无粮，自然退回。

诸葛亮这边，同样料想司马懿出关，必取街亭。街亭是交通枢纽，兵家必争之地，它既不险要，也没有城池，易攻难守。平常诸葛亮点将派兵，很快就安排妥当了，而此次却再三犹豫，可见很难决定。赵云想去，可诸葛亮顾虑良多，一是出于爱惜之情，不想派他去守这么艰难的地方。二是唯恐年轻人或者敌人认为派个老将守街亭，是蜀中没有大将了。至于魏延，诸葛亮每次想到魏延都停顿很久，半天没有反应，因为诸葛亮根本就不想理他，要不是魏延作战勇敢，很能打仗，诸葛亮老早就不要他了。魏延长期累积的坏印象，使诸葛亮对他很厌恶，这不能全怪诸葛亮。

马谡毛遂自荐愿守街亭，他说自己从来没有过战功，同事对此议论纷纷，说他就嘴巴会讲，其实一无是处。马谡想争取一点儿位置，所以再三请求诸葛亮给他这个机会。诸葛亮本不该答应，因为马谡的动机就不对，可马谡跟他关系密切，他经不住马谡的请求，才答应了下来。

诸葛亮为安全起见，又指派王平相助，并特别提醒王平，这是重任，安好营寨之后，派人画图持回，以便查阅。凡事商议妥当而行，万万不得轻易私自决定。又派高翔屯兵街亭东北的偏僻小路，以便及时引兵救援。再指派魏延在街亭之后，以便接应街亭。一攻一守，俨然是大战的关键。诸葛亮还是不放心，要赵云、邓芝各引一军出箕谷，以为疑兵；自己则统领大军，兵出斜谷。

诸葛亮远离家人，只身在外指挥作战，难免会有一两个人跟他越走越近，这是当统帅的人，尤其是君王要特别注意的。君王应该跟所有人都保持安全的距离，不应该有近臣，因为近臣往往是祸乱的根源。诸葛亮不应该因为马谡跟他越走越近，就称马谡是了解他的人，并加以赞誉之词，导致马谡敢强求机会，甚至不惜跪地请求出战，诸葛亮对此多少要负责任。

马谡立下军令状，说街亭若失，请斩全家。以前诸葛亮听到这种话会不高兴，不是说他迷信，但动不动就说死说斩的，是很不吉利的。

诸葛亮一生中最重大的失误就是指派马谡守街亭。街亭至关重要，此地一失，这次北伐注定无望。马谡没有实际作战经验，刘备临终也再三交代，说马谡言过其实，不可重用，但诸葛亮还是重用马谡，甚至答应了他守街亭的请求。诸葛亮一生，很少像这样情感超过理智。实际上，当时还有比马谡更合适的人，可他为什么都不考虑呢？

我们现在无意批评诸葛亮，我们只是提醒大家，情感超过理智的时候，很可能要犯错，像诸葛亮这样的人，都会有这样的过失，何况我们一般人？所以我们做事情的时候，要特别谨慎。当你越有信心，越坚强的时候，一定要警惕是不是有一种力量让你偏离正轨。诸葛亮如果找赵云商量一下，我相信赵云会建议让魏延去守街亭，因为魏延这个人，逼他的话，他可能会叛变，但如果给他机会，他就会好好表现。那不就什么都好了吗？

诸葛亮曾说："知我者，幼常也。"可见其对马谡的赏识。诸葛亮看重马谡提出的策略，却没有全面地识人用人，忽略了马谡言过其实的缺点。马谡虽有才能，但言过其实，不适合独挑大梁，做参谋还可以。所以，领导首先在识人方面应该全面把握，充分认识人的优点和缺点、长处和短处，这样才能保证在用人的时候两方面兼顾，所用即所长而非所短。

举例来说，甲能力强，办事热心，思虑周到，可惜手脚不干净，钱财方面相当不可靠。这样的员工能不能用？不用的话，浪费了一位有用之才；用的话，经常提心吊胆，也有可能造成祸害。这种两难最好用兼顾的方式，把用与不用合起来想，也就是用其所长而防其所短。换句话说，只要不让他有机会经手金钱，当然可以让他一展长才。对于他的长处，尽量加以鼓励，使其如愿以偿，获得表现的机会；对于他的短处，用不着大张旗鼓广为宣扬，使其抬不起头来，那样等于毁掉一位人才。扬善隐恶，对甲而言，殊有必要。

扬善隐恶，并不是忘记他的缺失，而是伺机预防，防患于未然。但是，在防弊之外，尚须重视兴利，要提供合适的机会，让员工的长处有显著的表现，这便是人尽其才。人人能够尽才，即是人人可用。

成全对手也是成全自己

周瑜究竟是不是被诸葛亮气死，我们实在不必加以追究。但是，司马懿应对诸葛亮，毕竟比周瑜要高明得多。周瑜心中抱持“既生瑜，何生亮”的怨恨，果然不幸一语成谶，终于怀恨而死。司马懿一句“诸葛亮真神人也”，表示了“吾不如”的自谦。言为心声，顶着敬贤的光环而心安理得。因为司马懿最清楚：如果诸葛亮死了，最惨的是谁？自己。

韩信在临刑之前就发出了“狡兔死，走狗烹；飞鸟尽，良弓藏；敌国破，谋臣亡”的感叹，我相信这一段，大家一定还记得。司马懿的境况也是如此。他的最大愿望就是诸葛亮长寿一点儿，这样，他才有被老板任用的机会和价值；否则，诸葛亮一死，司马懿就知道他的政治生涯要结束了。事实就是如此，他一回去，就被冰冻了十年！因为他的老板根本就不相信他！这点司马懿很清楚。

所以，得知街亭失守后，诸葛亮料到蜀军陷入危机，于是着手准备撤退。他知道，街亭一失守，有可能导致很大的败局，所以当务之急不是去指责马谡，也不是自责后悔，而是积极勇敢地面对问题，最关键的就是让部队安全退回汉中。此刻蜀军士气大跌，而魏军士气大振，如果魏军乘势追杀，蜀军将很难幸免。

诸葛亮镇定自若，注意力都集中在妥当安排各路军队上，尽量将伤亡减到最少。实际上他内心何尝不着急，何尝不慌乱，又何尝不生气？但他都能一一化解，这非常值得我们敬佩。

部署完一切，诸葛亮亲自引五千兵士退往西县，搬运粮草，他为什么不多留一些军士在自己身边？诸葛亮作为军师，不能够只想自己，得对全局负责，而他的伟大之处也在于能够顾及全局，敢于承担全部的责任。在怎样让部队安全撤退问题上，他考虑到每个地区的兵力都不能太少，否则就是要军士去送死，因此对主要兵力都做了妥当的安排，而自己只带五千兵马去西县运粮。这是一般人做不到的，一般人总想让主力跟随自己，以保全自身。从这里可以看出，诸葛亮是不存私心的，而且他认为西县很小，并不起眼，只是存粮之地，司马懿不会来攻打。

但是，诸葛亮万万没有想到，司马懿将他研究得一清二楚。司马懿知道，跟诸葛亮打仗，硬碰硬是下策，要攻他的粮仓方能取胜，所以把大军开赴西县。而诸葛亮偏偏把主力都分派了出去。也就是说，诸葛亮现在要以最小的兵力来对抗司马懿的主力。这也是诸葛亮出于不自私、出于顾全大局而忽略自己的安危所造成的一种危机，而且是很严重的。

探子报告，司马懿大军来到，粮官惊吓得掉落手中的粮册，因为他没有诸葛亮这样的素养。诸葛亮没有骂粮官，因为他知道，如果自己是粮官，也同样如此，所以只是很平淡地让粮官拾起粮册。这是诸葛亮的领导作风，一般人可能会骂粮官胆子太小，其实那样的做法结果很糟糕。

领导对于自己能够做到的事情，不要要求部属也能做到，这是不合理的。人的位阶不同，修养也不同，所以要彼此尊重。在这一点上，诸葛亮就算在非常慌乱的情境中，也做得非常好。

由于城中微小兵力无法抵抗司马懿的大军，诸葛亮只好玩起了空城计。他令部下打开城门，百姓洒扫街道，而自己携琴一张，于城上焚香弹琴。空城计经常在用，不是诸葛亮发明的。司马懿的儿子也几次提醒说，很明显城中无人，冲进去好了。所以我相信，司马懿应该知道诸葛亮在玩空城计。

只不过司马懿另有盘算，所以并不攻城。他知道自己只是被利用，并未得到信任，曹睿不会真的给他大权。干部如果能得到老板的信任，那他不必顾虑，会全力以赴；可如果干部只是被利用，就会替自己着想。司马懿知道，留得诸葛亮在，自己还能被利用，还可以做想做的事情，如果除掉诸葛亮，自己就毫无价值，那不是截断自己的后路吗？

司马懿一定会记起，当年诸葛亮故意把关羽安排在华容道，就是不准备杀曹操，因为曹操那时候还不能死，还有利用的价值。所以这时司马懿想将计就计，假装不知诸葛亮在玩空城计，转身走掉，这是非常聪明的选择。

既然已经下决心不杀诸葛亮，司马懿就不能挥军进城，否则诸葛亮不是被杀就是被活捉，活捉后再放回去，不更引起曹睿的怀疑吗？因此司马懿告诉大家说，诸葛亮绝非等闲之辈，素来谨慎，不会做这种冒险的事情，切不可妄动。

诸葛亮的琴弦突然断掉，司马懿知道诸葛亮的心不再平静，于是急令军队撤退。实际上他想利用诸葛亮来保全自己，这也是一种战略，只不过要在情况特殊时才能使用。

倘若当初诸葛亮过江，舌战群儒之后，周瑜能够接受鲁肃的建议，抱持共同努力、齐心奋斗的心情，促使孙权和刘备精诚合作，联合抗曹，我们对周瑜的观感，必然大为改变，认为他比司马懿还要高明。因为在那种孙权势力远大于刘备的时刻，能够有这种胸襟和度量，当然更为难能可贵。周瑜一生的结局，也不致那样悲惨，年纪轻轻，便怨叹："每争必高我一筹，天意乎？人力乎？"紧紧抓住小乔的手，伤心而亡。

司马懿和周瑜一样，在数度较量之下，诸葛亮好像技高一筹。但是，他所采取的应对策略，远比周瑜高明。我们可以说周瑜逆着走，而司马懿则顺着来。是不是由于周瑜的前车之鉴，司马懿才发挥逆向思考，我们不得而知。难怪他感叹道：谋事在人，成事在天，不可强求也。司马懿就算得到诸葛亮的计谋，也打不过诸葛亮，只好坚守不出。

他这种忍耐功夫，使诸葛亮十分无奈。岁月不饶人，一天天快速过去。面对这种激之无效、攻之不获的人，诸葛亮实在没有办法，终于想到一计，干脆就来正面的，叫人送了一套女人穿的衣服给司马懿，当面给他最大的侮辱，说他身为大将军，不敢打仗，不像男子汉大丈夫。司马懿刚开始也很气愤，大将们更是愤怒，认为简直受辱到了极点，执意要打。但司马懿还是忍住了，他想：你要我这样做，我偏不，看你怎么办。司马懿这套忍耐功夫真的不是一般人做得到的。

司马懿向送女人衣服的来使询问诸葛亮的近况，此人警觉性不够高，把诸葛亮吃饭很少，什么事情都要自己处理等情况，原原本本地讲了出来。使者跟司马懿讲真话，那不是通敌吗？不是出卖诸葛亮吗？有人从小就培养孩子要讲真话，我看光有这方面的训练是不够的，还要看在什么场所对什么人讲，讲什么事，这有很多限制因素，一定要综合考虑才行。

一个人吃得越来越少，事情就会越来越麻烦，司马懿从使者的话断定诸葛亮体力不支，于是更加坚持不出战，拖到诸葛亮死为止，就什么问题都解决了。

送妇女服饰的人回来禀报诸葛亮，说司马懿料他活不久。这个人的做法很奇怪，他把诸葛亮的实际状况说给司马懿，事后不反省自己闯了祸，居然又把他告诉司马懿的话以及司马懿做的总结——诸葛亮活不久了，原原本本地告诉诸葛亮，实在是没有必要。

我相信一个稍微老道一点儿的人，这两种话都不会说，就算当初一时疏忽对司马懿说了实话，回来之后也不会告诉诸葛亮，诸葛亮也就不会有压力。现在诸葛亮一听，就知道糟糕了，司马懿知道他活不久了，后面的仗就更难打了，于是压力越来越大，这对他的身体状况非常不利。但是我们周围的人，十有八九都跟这个人一样，自认为没有恶意，只是知道什么就讲什么而已。这种人不知道自己闯了祸，反而感觉很轻松，让受害者受了很大的牵累。我们也只好把这些人，当作那只看不见的手，往往就是这些人，糊里糊涂地替对手做了很多事情。

司马懿没有因诸葛亮的羞辱而失去理智，依然坚守不战，蜀军难以进兵，诸葛亮壮志难酬，加之劳累过度，旧病复发，生命危在旦夕。

魏将们知道这件事情后，都很愤怒，认为大国名将，不应该忍受这样的侮辱，纷纷请求出战，以决雌雄。司马懿不得不上书曹睿，请求准予出战。

曹睿这一次表现得非常有默契。他想，司马懿坚持不战，怎么忽然改变主意了？莫非是诸将强烈要求，才借用他这一块盾牌，要抵挡诸将的压力？于是下令不得出战。这时传来东吴的消息，说原本陆逊上表吴王，要和蜀军前后夹攻曹魏，不料中途奏表为魏兵所获，因此暂时不采取行动。诸葛亮长叹一声，昏倒了地。气人的人，遇到不生气的人，往往更加气愤，反过来把自己气得半死。诸葛亮的修养很好，想气他并不容易，现在司马懿忍辱功夫比谁都高，诸葛亮气不动他，怎么能不生气呢！

至少司马懿因遭受诸葛亮散布的流言而削职回乡，到头来对司马懿还都有利无害。可见凡事你把它当成好事看，它就是好事；把它当作坏事看，它便成为坏事。果然心想事成，值得大家好好去体会。同样一位诸葛亮，周瑜把他当作敌人，结果被活活气死。司马懿把他看作高人，从他身上学到很多东西，使自己处于更安全的地位。

领导犯错要以身作则

街亭是蜀军攻打魏国的交通要道，对军粮和后续兵员的供给有着至关重要的作用。而此时，蜀军主力已在街亭和长安之间，街亭若失，蜀军将陷于进退两难的境地。

马谡立下军令状，前去镇守街亭。在街亭察看完地形后，马谡笑诸葛亮多心，王平劝他还是谨慎为好，二人一开始就闹意见。一个团队的领导之间如果分歧很大，就会起内讧。马谡是主将，王平是副将，士兵不知道听谁的，这样一来，还没开始作战，士气就已经不稳了，这是非常不利的事情。

王平如果事先料到马谡会跟他有不同意见，提前安排一个人在出现意外情况时，快马加鞭去报告诸葛亮，这样好不好？答案是不好，而且很糟糕。如果王平一开始就心存疑虑，为什么不在出发之前就告诉诸葛亮呢？这种事情要做也只能由诸葛亮来做，然而诸葛亮若事先有这样的安排，就表示他一开始就不相信马谡，既然如此，那为什么还给予马谡这么重大的任务呢？所以，谁都不可能事先做这样的安排。诸葛亮让马谡守街亭，是考虑再三后的决定，表明他信任马谡，相信马谡会按照他的计划去执行，只是告诉王平把下寨的方式画图给他看，只是这样而已。

马谡要上山扎营，王平说有违诸葛亮指示，争执不下，这时王平唯一的办法就是亮出诸葛亮这张王牌，说这不是自己的意见，是诸葛亮说的要伐木为栅，当道设防。但马谡仍旧不听，说自己从小熟读兵书，诸葛亮遇事尚且问他，并且诸葛亮对这里的地形地物不是很清楚，不知道有这么好的一个山可以利用，如果诸葛亮来了，也会这么做。王平拿马谡没有办法，只好领五千兵马去山下扎寨。安好寨了才画图报告给诸葛亮。

王平刚刚派人送走下寨图，司马懿的大军就到达了街亭。司马懿熟读兵书，凡事略微观察便可分晓。他见街亭大路畅通，蜀军屯兵山上，稍感意外，而得知是马良的弟弟马谡守街亭后，便知道马谡是空有其名，完全不懂用兵之道。

中国人有天命的观念，觉得人再强也强不过天，所以常讲人算不如天算，把好事都归功于上天安排，而不说自己有多厉害。司马懿也是这样，他见诸葛亮这么厉害的人，居然派一个这样蹩脚的人来守街亭，忍不住说“天助我也”。

兵贵神速。司马懿一看蜀军屯兵山上，立刻判断应该快速围山，只要切断水源，蜀军定会起内乱，从而丧失作战能力。兵贵神速不是说一切都要快，而是说该快则快，不该快则不快。因为如果山上有水源，山是很好的据守点，如果水源在山下，就刚好相反，越上山越倒霉。如果行动迟缓，蜀军发现情况不妙冲了下来，魏军的有利形势就很快丧失了，所以此时司马懿真正是分秒必争。司马懿不打则已，要打就一招制胜，这才是真正的兵贵神速。

诸葛亮兵法娴熟，深通韬略，对地形地物运用自如。他一看王平送来的屯兵图就知道司马懿一到，蜀军将会先被断水，后被火攻，到时候任凭指挥官怎么激励军心都无济于事，街亭必失，北伐无望。诸葛亮知道自己做了错误的选择。

果然，司马懿很快就将山包围得如铁桶一般，并切断蜀军水源。两军对峙一夜，至次日天明，蜀军早已疲惫不堪，口渴难耐。魏军趁此放火烧山，马谡命令大家勇敢杀下去，置之死地而后生。

所谓“置之死地而后生”，是指在大军还没有行动之前，就利用地形地物制造出没有后路的局面，这样将士才会奋力拼杀以求保命。而蜀军现在的状况是，早在两位指挥官产生争执的时候，大家就已判断出马谡是错的，可他一意孤行致使部队被围困，没本事带大家出去不说，反而叫大家冲，分明是让人去送死。

指挥官不能在自己决策错误后，还强令所有人给他陪葬。何况马谡平常只是在诸葛亮旁边献计，跟士兵接触很少，所以不管他怎么叫，除了旁边几个人还附和以外，命令根本贯彻不下去，他的整个指挥系统都已经崩溃了，要将士兵置之死地而后生，几乎是不可能的。

蜀军惊慌溃退，降者无数。马谡高呼街亭不能丢，想自杀谢罪，被众人拦下。可能有人会想，干脆让马谡死了，好一了百了，免得日后制造问题，反正他回去也活不成。但实际上任何人都不会这样做，因为生命无价，哪怕只有一丝希望，我们都要尽力挽救人的生命。左右也不可能因为马谡决策错误，就任其去寻死。

马谡此时肯定很后悔，甚至恨自己，为什么这样自作聪明，为什么不好好听诸葛亮的话。但一切都已经太晚了。他要自杀，大家进行劝阻是对的，他自杀不了，也是自作自受。虽然说好汉一人做事一人担，但人不能一做错事情，就干脆死了算了，因为这样解决不了问题，应该活着去面对后面的问题，留给大家更大的教训。

此后，诸葛亮回到汉中，发现只有赵云这一军不折一人一骑，盛赞他“真将军也”，赠予黄金五十斤，以示奖赏。赵云请将赏金寄库存，要用时再拿，令大家倍觉钦敬！

失掉街亭、导致此次北伐夭折的马谡，将自己捆绑起来，他是想请求免除死罪？如果马谡这样想，他就太不了解自己的处境了。一个人到了这种地步，是没有权利要求赦免的。马谡没有那么糊涂，他将自己捆绑起来，只求能够赦免家人，这么做也是人之常情。

一个人如果只考虑自己，可以为所欲为，死就死了，没什么了不起。然而我们有妻儿父母，要对他们负责，要考虑他们的安全、幸福和未来，这才是一个人的价值所在。现在马谡绝对不敢说“丞相，您饶我一命吧”，他只是说“能不能给我的孩子一些生计，给我的家人一口饭吃、一件衣穿，不要因为我而连累他们”。我想，这才是他真正的用意。

诸葛亮大骂马谡。他很少骂人，因为他知道骂人是非常不利的，挨骂的人表面可能服气，背地里还会制造很多问题。而且骂人的结果要么就是将其处斩，要么就是遭到对方的报复，即使将人处死，他身后的人也会制造问题，所以骂人没有什么好处。

但诸葛亮非骂马谡不可，如果不骂就对自己没有个交代，同时，他也想对大家说明自己不是随便的人，不是因为跟马谡关系好，为了照顾马谡，所以给他这个难得的机会，他要交代清楚，是马谡自作主张导致的失败。

一个人，该讲的话一句不可少。诸葛亮骂马谡的每一句话，都不是讲给马谡听的，而是讲给其他人听的，特别是魏延。诸葛亮知道魏延可能会埋怨：你不找我去找马谡，现在搞成这个样子，谁来负责？魏延的情绪如果发泄出来会很难收拾，可被诸葛亮这么一骂，就给压回去了。诸葛亮当场宣布马谡死罪。如果在这个时候还赦免马谡，大家会觉得非常不公正，因为没有理由可以赦免马谡。

古代有些罪行非常重大，罪及九族，当时最严酷的刑罚就是株连九族。失守街亭的罪也很大，可是跟马谡的家人无关，所以诸葛亮赦免了马谡的家人，这也是马谡唯一乞求的事情。诸葛亮赦免马谡的家人，马谡听后心满意足，再三叩谢。诸葛亮这么做也是承认自己的错误，他要负起责任，照顾马谡的家小。

众将正在为马谡求情，蒋琬专程从成都赶到，请求免马谡一死。按理说，蒋琬这个时候求情，是给了诸葛亮一个台阶。如果诸葛亮答应了，就可以顺水推舟赦免马谡死罪，改成另外的刑罚，可大家会非常怀疑：你们是不是串通好了，要不然怎么那么巧呢？这完全是在演戏嘛！所以诸葛亮并没有接受，这是正确的做法。他断然拒绝了蒋琬，显示了他的决心，也让大家知道犯了错误就应该承担责任，不能够大家一求情就免除罪责，那是不合理的。

马谡是诸葛亮一手培养出来的，是诸葛亮很看重的一个人，所以斩马谡令诸葛亮痛惜不已。但是，诸葛亮是在仁至义尽之后才斩马谡，而不是一来就完全把情感摆在一边。人有时候要狠，这是不得已的事情。但狠有两种：一种是无情无义的狠，一种是有情有义的狠。如果诸葛亮板着脸骂马谡，说马谡犯这么大的错误，不但他本人要死，他全家都要被斩，那就叫无情无义地狠。事实上诸葛亮很难过，说马谡对自己帮助很大，本希望他能好好表现，没想到他落到今天这个地步，虽然不忍心斩他，但他非死不可，并说自己会照顾他的家人。诸葛亮这是有情有义地狠，体现了将帅之风，否则其他人会不服气的。

诸葛亮挥泪斩马谡之后，做的另一件大事就是承认用人不当，上奏后主刘禅，请求降职作为惩罚。如果诸葛亮辞职不干，分明就是为难后主刘禅。所以为了表示诚意，他上奏辞去丞相之职，但仍旧以右将军的名义执行丞相之事，并且总督兵马。

刘备死后，诸葛亮一直以马谡为知心的参谋，这一次失误对他的打击非常大。按理说胜负乃兵家常事，并不是打败仗便应该杀头。但是事先诸葛亮曾经再三交代此事非同小可。马谡犯了重大的过错，不能及时做出一些调整，但至少也要以最大的勇气和毅力将伤亡减到最低。怎么可以临事而惧，致令军士惊慌失措，造成这么惨的溃败？如果马谡战死沙场，诸葛亮还多少有一些交代。现在他活着回来，难道还想活命吗？他不能力战而后败，才是诸葛亮下令斩首的主要原因。然而，这是因为自己用错人，至少也要给马谡一些同情，所以挥泪，而且承诺照顾马谡的家小。马谡误失了街亭，犯了大错，为了严明军纪，他虽然后悔、痛心仍坚持斩了马谡，并主动向后主刘禅申请自贬，作为处罚。这既表现了他作为领导的人情，也显示了他作为领导者的公正和奖惩分明。其对于惩罚问题的公正性和以身作则的意识非常令人钦佩。

奖惩分明是合理的做法，良好的领导者，除了具备学识、经验、操守这三种条件以外，最重要的还是尊重制度。领导滥用权力，乱开恶例，对员工就是不良的示范。所以领导应该以身作则，率先尊重制度，尽量减少例外，绝对不开恶例。

领导的一言一行会直接影响到员工的行为，所以领导必须做好榜样，才是良好的身教。身教重于言教，以身作则比说教要更有效。

回顾历史，商鞅在变法之前，曾先在南城门放置一根三丈高的木头，并悬赏能把木头搬到北城门的人奖励十金。大家认为是开玩笑，不肯尝试。商鞅把赏金提高到五十金，有一人搬了，商鞅马上付给他五十金，这种戏剧性的悬赏，乃是今日电视节目所流行的通通有奖的前身，这纯属表演性质，并不能用作管理的法则。

作为一个领导者，当然可以配合必要的赏罚，但赏罚犹如一把刀，有刀刃有刀背，必须审慎使用。

鞠躬尽瘁，死而后已

刘备战败之后，五年之内诸葛亮全心治理内政，平定南中。正当他准备充足之时，又逢司马懿被罢职。于是在刘禅主持早朝时，呈上《出师表》，要讨伐曹魏。

他首先说明北伐不是个人的主张，而是先帝的遗志。讨伐曹魏，并非私人有什么恩怨，而是为公的举动。他接着建议刘禅，应该开诚布公，对人对事，都不宜偏私，宫中和府中要一视同仁，不容许不忠不义的小人违法乱纪。然后举荐现有僚属当中特别忠实可靠的人士，诸如郭攸之、费祎、董允、向宠等人，使刘禅在必要时多向这几位请教。他知道北伐并非短时间能够完成，唯恐刘禅在这段期间内有所偏失，所以才不厌其烦，交代得十分清楚。诸葛亮 27 岁追随刘备，现在已年近半百。这 21 年来，凡事谨慎，现在一切准备妥当，即将远离成都，希望刘禅亲贤臣、远小人，将讨贼兴汉的任务交付给他，如果没有成效，还要治他的罪。

刘禅恐有劳相父神思，诸葛亮则表示，南方已平，无内顾之忧，不在此时讨贼，恢复中原，更待何日？他心中充满了必胜的信心和决心。唯一放心不下的是刘禅。所以他委婉地提出很多谏言，以资防患于未然。

我们不能说诸葛亮这样做有用或者没有用，因为站在诸葛亮的立场，除了北伐以外，他无路可走。刘备死了，诸葛亮有什么选择？第一，他能不做蜀相了吗？那样魏国或者吴国立刻就会派人来请。第二，他能够退出江湖去养老吗？他曾经几天没出来，刘禅就毕恭毕敬地去找他，说国家很危险，需要他帮忙。所以诸葛亮除非当年不下山，一旦下山就人在江湖，身不由己，注定没有退路，只能勇敢地向前走。

何况诸葛亮很重信诺，他答应刘备北伐，就一定会去履行，对此也心甘情愿，所以他写了感人肺腑的《出师表》，说北伐是为了完成先帝遗愿，不是为了个人意图。因为难免有人会猜测诸葛亮是不是想把曹魏吞并，统一天下后，自己篡位当皇帝。

诸葛亮出师前告诉刘禅要好好统领朝政，并且指定几个人协助他。可我们不相信这会有多大用处，否则现在怎么老感叹说“扶不起的阿斗”呢？像刘禅这样的人，一无才能，二无志向，勉强要他当皇帝，他也很痛苦，其他人也很无奈。

群臣纷纷劝阻诸葛亮，诸葛亮却执意坚持。他年纪虽不大，但因多年南征北战和主持朝政，所以早已体力透支，筋疲力尽。因此，诸葛亮才更着急，要抓紧去做，因为司马懿比他年轻，这是他的心病。现在等于是他跟司马懿在比寿命，谁活得久一点儿，谁就赢了。

有一种很奇怪的现象：一个人随时都会找一两个目标，与之竞争，一方面是为了提高自己的斗志，另一方面也为了预估对手的实力，以便未雨绸缪。虽然司马懿的兵权已经被夺了，但诸葛亮仍旧把他当作对手。

诸葛亮力排众议坚持北伐，证明这是他此生唯一未竟的使命，他一定要完成，这种精神值得我们敬佩。否则刘备已经死了，刘禅又不成材，他不篡位就很好了，何必这么拼命，安享晚年不是很好吗？诸葛亮没有这样想，很了不起。

诸葛亮召集诸将，准备向汉中出发。赵云匆匆赶来，说自己虽然年纪老大，也务必参加。诸葛亮再三苦劝，赵云坚持。于是以赵云为先锋，邓芝陪同，又安排李严等守川口以拒东吴，留向宠总督御林军马。在刘禅引文武官员恭送下，诸葛亮亲率大军，取道祁山，进攻曹魏。

蜀军北伐失败后，赵云夜里病重而死，诸葛亮夜深不寐，十分悲痛，看着老同事一个一个走了，诸葛亮感慨万千。

人在感觉自己年纪越来越大的时候，常常会回想以前的事情。年轻人想的是未来，年纪大了，想的是过去。所以，诸葛亮会想当年大家还都年轻，后来关羽走了，张飞走了，刘备走了，现在五虎将全都走了。在这种情况之下，他的心情会怎么样，我们应该能够体会。诸葛亮会感觉，时间实在是太紧迫了，没有太多的时间可以让他拖延，所以他越来越急，希望能够早日实现他对刘备的诺言。

讲到这里，我们应该想一想，刘关张三人有桃园三结义的誓言，有这样一个约束的力量，而诸葛亮没有，他既没有跟刘备结拜，也没有跟刘备发过誓，或者立什么军令状之类。诸葛亮与刘备之间没有约束的力量，他凭的就是自己的一点儿心意——既然你托孤于我，而我也答应了，我就要尽全力把这件事情做好。所以我们现在可以感觉到，有没有结义其实不是很重要，那只不过是形式而已，心里是不是永远记住自己的承诺，这才是重要的。诸葛亮不答应则已，一答应，他就永远记住了，而且他不是尽力而为，而是全力以赴。这一点，我们认为他是非常了不起的。

诸葛亮的一言一行，一举一动，都值得我们学习，他是历史上不多见的一位典范。但是只有他事必躬亲这件事情，我们要好好地加以考虑。一个人，如果任何事情都事必躬亲的话，就太累了。诸葛亮才五十出头，就已经感觉到体力衰弱，很多事情好像顾不过来了。

一个人该做的事情，责无旁贷，绝对不能退后；而有些事要大家来分摊，才能够充分发挥分工合作的功能。但是，这一点我们也不能怪诸葛亮，因为其他人跟他比有很大的差距。一次次的战争损失了许多人才，很多时候，诸葛亮和属下刚磨合好，有点儿默契了，这个人就战死了，诸葛亮能怎么办？我们相信，诸葛亮也不希望这样，但是整个情势逼得他好像什么事情都要自己去操劳，结果把自己累得不堪负荷，他真的是太累了。

之后，诸葛亮再度上表，以明白表示自己的决心和实际上的需要。他首先以“汉贼不两立，王业不偏安”为宗旨，说明北伐的正当性，接着提出六大疑点，来反驳偏安的可能性。因为蜀、魏交界都是山地，充满了大大小小的路径，如果采取防御的策略，兵力必须大幅度分散，这样，不但防不胜防，而且互相救援也十分困难。敌人随时可以集中兵力，攻击某一据点，即能突破防线。唯有以攻为守，不断采取主动出击的策略，使敌人疲于奔命，才是最有利的方式。同时，使反战派同仁有所警惕，不要以为刘备去世，原先的理想便丢在脑后。最后说明天下事很难料，变幻莫测，唯有“鞠躬尽瘁，死而后已”，坚持以身殉国，希望大家多多支持。

诸葛亮这句“鞠躬尽瘁，死而后已”，一直到现在都被大家引用、传颂，因为人们觉得只有像他这样具有伟大人格的人，才能够下定这样的决心。鞠躬尽瘁，无怨无悔，自己无所求，一直做到死为止，这就是全力以赴，一点儿没有保留。诸葛亮从来没有想过，自己年纪大了，是不是要休息休息，也没有因为自己生病了，多拖一点儿时间把病养好。他是稍微有一点儿机会，稍微有点儿希望，就要努力抓住，去完成他的承诺。诸葛亮的这种精神，一直到现在都被人敬仰。我们学诸葛亮，不仅要学他的机智，更要学他重承诺的精神。

生命垂危仍出谋划策

一个人不要奢求自己的寿命可以无限延长，死后躯壳不会腐烂，甚至还会复活，这些都是不可能的。人唯一能做的就是使自己的精神永存于人间。比如老子、孔子、孟子，他们的寿命早已结束，躯体也早已腐烂，但他们的精神留了下来。诸葛亮也想如此，所以他决定，无论多么辛苦也要把最宝贵的心得传下去。我们到现在还记得诸葛亮，就表示他真的做到了这一点，我们也从中受益匪浅。

诸葛亮夜观星象，客星倍明，主星幽暗，深知自己将不久于人世。姜维提议用祈禳之法加以挽回，诸葛亮遂授以禳星之法让其准备，以此延长自己的寿命。对此我们没有权力说它没有用，也没有资格说它没有用。就算你说它有用，我们也没有资格说它有用，所以对这种既不能反对，也没有权力去赞成的事情，我们只好存疑，所谓存疑就是让每个人自己去感觉。

但是，我们知道，诸葛亮并不相信祈禳之法，也并非真的要靠这一套来延长寿命，这完全是一种障眼法：第一，可以安定人心，告诉大家不要惊慌，只要他作法，就可以再活 12 年；第二，可以趁机调养身体，因为最起码能有一个不受干扰的场所，能够安静调养身体；第三，他要观察一下军中的状况，然后再做最后的决策。

关羽和诸葛亮晚年都过得这么辛苦、艰难，值得吗？我们知道，英雄最怕的就是白头发。一个人白头发一出来，就说明体力衰退、精力不足了，后面的时间也有限了，心里就会有压迫感。所以，关羽到最后，不像年轻时那样洒脱，败就败了，以后再杀回来就好了，他知道自己的情况已经很糟糕了，身手没有以前灵活，受伤后也恢复得很慢，所以做什么都顾虑重重。诸葛亮也一样，他如果这个时候还年轻力壮，时间和精力都很充沛，就会无所畏惧，可是他知道自己身体已经不行了。

老天这样安排其实是合理的，因为任何人的生老病死都是必然的过程，因此诸葛亮急着传授姜维兵法，他知道自己的任务如果不能完成，最起码要有一个可靠的人替他完成。

看到诸葛亮，我们就应该从现在开始想想自己，当阶段性的任务完成以后，下一个阶段要怎么去做。也就是说，每一个企业的经营者对接班人要特别用心，每一个家庭对继承人要特别教养。

话说回来，关羽和诸葛亮都过得这么辛苦，值不值得？我觉得当然值得。如果你有机会做关羽，你不做吗？如果你有机会做诸葛亮，你不做吗？不做才怪！虽然很辛苦，但总归是值得的。

时值八月，秋风瑟瑟，诸葛亮在帐中施祈禳之法，地上布置主灯一盏及大小灯数盏。如果七日之内主灯不灭，寿命可增 12 年；如果主灯熄灭，则其必死。诸葛亮传令闲杂人等不得入帐，然后开始祈禳。

有人说诸葛亮祈禳，目的在逃避死亡，我想每一个人会有不同的看法。我认为诸葛亮不会一心一意寄希望于通过祈禳来延长寿命，否则的话他会言行失常。他只是很平静地面对这件事。不过，他肯定想好好保护军队，使之安全地撤退到后方。前面已经分析过，诸葛亮有好几个可供实施的方案，但就目前的情况，唯一可行的恐怕就是让大家以为他真的在祈禳，使蜀军内部获得平静，他病重的消息就不会走漏，司马懿也就不太容易看出蜀军营中的变化，我想这是祈禳的最大作用。

一个人可以表达求生的意愿，但意愿能否达成，还得由老天决定，诸葛亮对此心知肚明。

实际上，每一个人都要合理地怕死——生命可贵，不能轻生。中国人最反对的就是自杀，因为人没有权力自杀。好死不如赖活着，就算活得很辛苦，也要坚持下去，不能轻易放弃。但是，当你应该面对死亡的时候，也不必逃避，不必恐惧，更不能怨恨。诸葛亮表达了求生的意愿，但他更知道知天敬天，听从天意。

由于蜀军长时间没有动静，司马懿怀疑诸葛亮病危，派夏侯霸引军前去哨探，魏延见有人偷袭，急忙闯进帐中禀报诸葛亮，没想到祈禳的主灯随之而灭。

如果祈禳的主灯不灭，诸葛亮经过一个周期，即一个礼拜的运气、打坐，身体也会有短暂的恢复。而现在秋风随魏延入帐，吹灭主灯，气氛为之陡转，变得很不安宁，病人很难承受这种打击。姜维非常气愤，认为魏延是故意的，但诸葛亮否认这种说法。我们也不能因此怪罪魏延，那样会不公平。魏延虽自以为是，但自有他的长处。我相信他不是故意的，虽然他造成了一个很大的遗憾。

诸葛亮很理性，也很公正，绝不因私心而冤枉任何人。诸葛亮对魏延早有成见，且一直未消，所以才会认为魏延跟他不配合。但诸葛亮不会因此怀疑魏延阻止自己祈禳，要取自己的性命。

魏延率兵击退了来袭的魏军，而诸葛亮的祈禳也就此中断。为了能使自己的平生所学传承下去，诸葛亮又开始伏案写作，坚持要完成兵书。

人的寿命是有限的，自古以来，人都必有一死，没有人可以例外。可是每一个人都觉得自己的寿命太短暂，只有区区几十年。诸葛亮也这么认为，可他很清楚生死是由老天决定的。

诸葛亮躺在病榻上，将汇集平生所学的兵书传给姜维，并嘱咐其用心研读。接着，诸葛亮唤马岱入帐，附耳低声言语，授以密计。我们中国人的习惯做法是：如果话说得很大声，就是给所有人听的；如果话讲得很小声，就是专门给一个人听的。可见在这件事情上，诸葛亮只对马岱放心。诸葛亮没有交代马岱不要声张，但是马岱自己知道要保密——你这么小声告诉我，就是怕别人知道，何况所讲内容也绝对不能让别人知道，否则我就危险了。诸葛亮把这么重要的事情交给他，马岱一方面很感动，一方面也很小心，因为这种事情不能让第三个人知道。

又唤杨仪进帐，说自己死后，魏延必反，特授杨仪锦囊一个。诸葛亮不怕杨仪泄露机密吗？他当然会担心，可他也知道如果顾虑重重，就什么事情都不能做了。更重要的是魏延对杨仪是一百个不服气，认为自己是大将军，而杨仪只是长史。二人素来不合，彼此间有很严重的矛盾，所以诸葛亮才会很坦然地把这件事情交代给杨仪，并说到时候只需按照我说的做就可以顺利除掉魏延。诸葛亮临终还在想着国家大事和全军安危，还在解决将来可能发生的难题，实在是让人敬佩。

人在死前是会回想往事的。年轻的时候，没有什么往事可想，所以很少回忆从前，多半会展望未来，因此小孩儿最喜欢说长大了要怎么样，而不会去想以前的事情。可当人老了以后，就不太敢想未来，因为未来是很短暂的，未来就是面对死亡，所以老年人最常做的就是回忆从前的辉煌，那样心情会比较愉快。

人在临终的时候，也一定会回忆起一生的种种。我们把它当作倒带，就像我们把一个片子放完以后，再把它倒回来，回想自己这一生到底怎么样，到底对不对得起自己，到底对自己有个什么交代。从幼年到青年、中年、壮年，一直到现在，尤其是那种很重大的事，比如伤害过别人或者被别人伤害、救过别人或者被人所救的关键性事件，都会一一呈现。诸葛亮也一样，这一路走来的各种事件，或欣慰，或懊恼，或感动，都会慢慢地回忆出来。

诸葛亮临终前，坚持出来看看营寨和将士。他不是舍不得把北伐这种博取大功的事情交给魏延、姜维，而是因为魏军的统帅是司马懿，如果没有司马懿，诸葛亮会很放心地让魏延、姜维出去打仗，自己在后面练兵，然而这些人都不是司马懿的对手，所以只要曹魏让司马懿带兵，诸葛亮就非要自己出来不可。诸葛亮每次听到司马懿被冷冻，就松口气，一听到司马懿又出来了，就有点儿担心。他看得非常透彻，其实当时整个曹魏难对付的就是司马懿一人。

所以，诸葛亮明知自己体力不支，也要出来看看士兵，这一招也是做给司马懿看的，因为他知道，只有他能吓唬得了司马懿。当然，他也很想跟大家告别，但他告别的方式跟一般人不一样，因为他要维护全军的安全，所以要装得很威严，好像是出来巡视，而不是告别。这种情况如果传到司马懿那边，会收到很好的效果，司马懿会以为诸葛亮的病好了。

将士不约而同下跪，请诸葛亮保重，一方面也是为他祝福，觉得他的病似乎好了，另一方面又感觉他好像离他们越来越远了，不像以前那样日夜跟军士非常亲密地接触。诸葛亮当然很清楚，大家的感觉会传递到他的心里头，所以他感动得泪流满面。

公元 234 年，诸葛亮迎着秋风，望着“克复中原”的旌旗，叹曰：“悠悠苍天，何薄于我！”说完，羽扇落地归天了。

司马懿得知诸葛亮病故，蜀军退兵的消息，急忙率兵追击蜀军。当他远远看到诸葛亮的车子时，不禁大惊失色。因为司马懿已经被诸葛亮吓坏了，他搞不清楚诸葛亮到底是真死还是假死，突然间看到诸葛亮，下意识就想赶快撤退。

诸葛亮早已预料到在他死后司马懿会来追击蜀军。因为如果司马懿不追，就无法向将领们交代，将来他的皇帝如果知道了，也会觉得他是怕得不敢打，那岂不糟糕？所以，他非追不可。一旦司马懿追击，蜀军一定会损失惨重，所以诸葛亮就交代，照着自己的样子雕一个木头人吓一吓司马懿，让他不敢再追。这就是诸葛亮，临终都不忘自己的重大任务，死了都不忘自己士兵的安危。

看到诸葛亮就这样走了，我想很多人都有不想再看下去的感觉。本来看《三国演义》看得很起劲，看到关羽死了，就不想再看了，觉得后面没意思，但忍不住还是继续看，因为还想知道结果如何。又看到诸葛亮也死了，就把书一合，真的不看了。谁是魏、蜀、吴的主人，谁最终一统天下，已经完全不重要了，他们不过是在那儿打乱仗而已。唯一值得关注的司马懿，给大家的印象很不好，他再怎么厉害，也无法取代诸葛亮在大家心目中的地位。很多人谈《三国演义》的时候，对关羽的事迹很清楚，对诸葛亮六出祁山很佩服，但对诸葛亮死了以后的事情，都不太清楚，觉得这些已无关紧要。一个人对后世的影响有多大，我们可以从后代人的心理反应看得很清楚。

蜀军利用诸葛亮交代的退兵之计，顺利摆脱了司马懿的追击。然而魏延却在半途烧毁栈道，断了蜀军的退兵之路。

魏延是不想让蜀军回西川，因为他认为诸葛亮死了，大家伤心归伤心，但国家大事还是要办的，自己可以带领大家继续北伐，而且一定会成功。魏延对自己的策略信心满满，认为诸葛亮之所以没有成功，就是因为没有采纳他的意见。现在诸葛亮死了，没有人可以约束他了。

而且魏延对诸葛亮让杨仪当统领很不服气，所以干脆把回西川的栈道烧掉，让大家都回不去，然后跟他一起去北伐。他以为大家会听他的，这就是我们常常讲的一厢情愿。一个人一旦一厢情愿、自以为是，就糊涂了，就不听劝告了，那么，他十有八九要走上死路。

王平怒骂魏延，说他造反。因为王平觉得魏延一直跟丞相唱反调，诸葛亮之所以不喜欢魏延，就是因为他有谋反的可能。实际上，我们也不知道魏延是否真要造反，但他的这种行径和作风，确实让人生疑，难怪王平直截了当地骂他。我觉得他们双方都没有错，我们既不是王平，也不是魏延，仅凭主观猜测，没有办法断定孰是孰非。

就在王平怒骂魏延之时，马岱却悄无声息地走到了魏延这一边。我们可以猜到，诸葛亮当初低声交代马岱说：我死了以后，魏延一定会造反，那个时候你要跟魏延站在同一阵线，这样你才有机会杀他。所以马岱依计行事。他如果跟王平一样公然反对魏延，魏延就会跟他壁垒分明，他就不能接近魏延将其杀掉。

我想这也是诸葛亮事先部署的一个很周密的措施，知道没人能杀得了魏延，唯一的办法就是想办法取得他的信任，在他没有提防的时候下手，因为人在这个时候是最脆弱的。马岱假装说坚决支持魏延，魏延听了之后很高兴，因为在这种情况下，有任何一股力量支持，他都会非常感激，所以他没有怀疑马岱。马岱给魏延造成这样一种错觉后，就比较容易下手了。

马岱随魏延一起去攻打汉中城池，杨仪在城前迎战。杨仪没有那么聪明机智，只是扮演好自己的角色，按照诸葛亮交代的办法去做，否则他跟马岱不可能有那么默契的配合。他看到一切都如诸葛亮所料，于是依照诸葛亮生前的指示，轻骑而出，手指魏延，笑着说："丞相在日，知汝之后必反，教我提防。今日果然应其言。汝敢在马上连叫三声'谁敢杀我'，便是真大丈夫。"魏延到这个时候，还不警觉，竟然大笑说："诸葛亮在日，吾尚惧他三分；他今已亡，天下谁敢敌我？休道连叫三声，便叫三万声，亦有何难？"于是张开嘴巴，在马上大叫："谁敢杀我？"不料马岱手起刀落，斩魏延于马下。诸葛亮不用魏延的计策，可能是大错，魏延心中没有诸葛亮的存在，也是自取败亡。如果诸葛亮事先没有交代杨仪和马岱，恐怕这场戏还不知道怎么收场。可见，诸葛亮不但把生前的事情安排好，还把死后可能发生的事情都预先做了防范，这是多么了不起！

领导与被领导的艺术

诸葛亮最了不起的就是被领导的领导艺术，这是值得我们学习的，我们一直把领导和被领导区别开来，只有诸葛亮达到了“领导就是被领导，被领导就是领导”高超的艺术境界。

其实仔细想一想，到底谁在领导谁？比如，你叫一部出租车，你举手就把车拦住了，表面上看起来是你在领导司机，可是坐上车以后，谁在领导谁？司机在领导你。你坐上去，司机问：“你要去哪里？”你说：“我要到某某商场。”他就问你要怎么走，你怎么回答，他就选择哪条路线。如果你说：“我也不知道，反正只要能到那里就好了。”那这样你就惨了，他就会带你兜大圈子，因为你不知道，我更不知道，我只知道这样钱赚得多一点儿。

有一次我要坐出租车去一个地方，我拦下出租车，问司机：“那个地方你知道吗？”司机说：“知道，去几十次了。”于是，我就放心地坐上车，结果他花了半天的时间也找不到目的地，我说：“你不是很熟吗？”他说：“我当然熟。怎么不熟？这个地方变得一塌糊涂，我怎么知道这个地方会变得这么快。”你说不过他，我不相信他的话，最后找了五六次，终于找到目的地。

所以说，到底是刘备在领导徐庶，还是徐庶在领导刘备？徐庶后来被曹操骗回去以后，又被派来查探刘备阵营中有什么变化，徐庶有机会重回刘备的阵营，他大可以留下来，但是他没有留下，为什么不留下来？因为他是个聪明人，很了解刘备。刘备是个死心眼儿的人，他没有办法同时重用很多能干的人，庞统来投时，他根本不当一回事，后来出现了法正，他就分心了，跟诸葛亮的关系好像有点儿生疏了。徐庶在领导刘备，领导他好好去找诸葛亮。从这里，可以看出徐庶是个了不起的人。因为一般人得到这个机会的话，就不会向领导引荐自己的好朋友，因为怕朋友抢了我们的光彩。

徐庶告诉刘备，你去找诸葛亮，他比我还能干。我们现在很少碰到这么谦虚而且度量很大的人。其实，读《三国演义》，我们读出当时的人的确有美德，他们是靠美德来支撑自己的生命，而我们现在很多人都是为了钱，基本没有什么美德的观念。最近，在很多考核、考试中，我们都把品德这一栏取消了，这是很糟糕的，很多人现在什么都不缺，只缺良心。我们穷得只剩下了钱，或者可以说，我们富有得没有良心，这两句话是相对的，可以写成一个对联，挂在门上，警醒世人。

三顾茅庐就是“被领导就是领导”的一个最高艺术。其实，在当时有很多像诸葛亮这样稍有名气的人，我一再强调，时时刻刻都有很多诸葛亮，但是有谁能够像诸葛亮一样，在最短的时间把最精要的东西说出来，一般人都是在那儿胡扯，扯半天，等客人走了才知道糟糕，要紧的话还没来得及说。我们经常这样，净说那些没有意义的话。要记住，人生是很短促的，机会是很难得的，而且机会稍纵即逝，一旦失去，我们可能就永远不能再得到。

诸葛亮最了不起的就是实事求是，他没有在那里说些无关痛痒的客套话，没有浪费时间，如果诸葛亮这样，刘备就会被他吓跑了，张飞就会放火把他家烧掉了。老实说，碰到张飞，你拿他一点儿办法都没有，有什么办法呢？第一次刘备要去拜见诸葛亮的时候，他们两兄弟耐住性子表示：“大哥要去，我们一定陪你。”第二次刘备要去拜访诸葛亮的时候，张飞就很不高兴地说：“不用这么兴师动众，我去就好了，你去干什么？”刘备说：“你怎么去？”张飞就说：“我拿绳子把他绑回来。”刘备心想：“你把他绑回来，他会为我所用吗？”第三次连关羽都不太高兴了，“他是个吹牛的人，你上当了，一个年轻人懂什么呢？值得你这样委屈自己吗？”但是刘备还是告诉他们：“你们不要坏了我的大事，我一定要亲自去请卧龙出山。”所以，整个过程扣人心弦。

其实，隆中对不是诸葛亮的专利。我再说一遍，一个人特别出众，是没有办法在实践中施展拳脚的，因为曲高一定和寡，幸好，老天安排了鲁肃帮助诸葛亮促成东吴联盟的形成，鲁肃一看曹操要攻打过来了，就替孙权着急，对孙权说：“我们单独和曹操正面交锋，肯定会输的，不如我们去联合刘备，这样胜算比较大。”诸葛亮本来计划要去求救于孙吴，突然间发现鲁肃自己过来了，但是鲁肃没有开门见山地说我来干什么，他是假借吊丧之名来探听诸葛亮的虚实，要求两军联合起来才是鲁肃的真正意图。对这一切心知肚明的诸葛亮却假装不懂，假装不知道。我想所谓领导跟被领导就是说，与其你当领导，不如你假装成被人家领导，你会更愉快，更顺利。你要处处都主动吗？不需要。一个人该主动的时候要主动，能够被动，尽量被动。中国要当官的人，一般从来不说我要当什么官，有人问你：“你想不想当官？”你一定坚定地回答：“我不想，我不想，我真的不想。”然后人家就说：“上面有没有给你争取？”你说：“没有，绝对没有。”然后你意想不到地发现自己当官了。如果有一个人说：“如果请我当官我一定当。”这样说的结果往往是这个人最终没有当官。西方人是有企图的，中国谁有企图谁就倒霉。企图就等于野心，人有野心，你就暴露出来，谁也不敢任用你。

鲁肃被《三国演义》描述得好像有点儿愚笨，其实不然，他是个聪明的人，聪明到会装笨的人，这才是真正聪明的人，聪明到被人家一看就知道很聪明的人，其实并不聪明，那叫精明。《老子》中“大智若愚，大巧若拙，大音希声，大象无形”说的就是这个道理。凡是聪明外露，一眼就让人看出来很聪明的人，那是最吃亏的。

其实，周瑜、鲁肃和诸葛亮都有同样的看法，就是三角形的两边加起来一定大于斜边。他们唯一的出路就是孙权跟刘备联合起来共同对抗曹操。当时很多人都知道这一点，不是只有诸葛亮一个人知道，只不过，刘备是第一次听到，他从来没有听到其他人说起过，这就叫作因缘，要珍惜。刘备听不听得懂，是刘备自己的福分，刘备如果连这个话都听不懂，那我想诸葛亮也不值得下山了，他也不会下来。所以，作为一个领导，你说的话没有必要让每个人都懂，古人写书是写给看得懂的人看的，不是写给看不懂的人看的。我们阅读古人的经典文章，读一遍是无法完全懂的，因为我们必须拥有相关的阅历和体验才能参透书中的某些道理，而且，古人写作偏爱意犹未尽，留下很多的空白让我们去领悟。

如果什么事情写得大家都懂，那就没有弹性应变的可能性，那就是科学，而不是艺术。相反地，西方的文化崇尚科学，西方的书也就写得大家都能以最快的速度看懂，所以它就完全没有弹性。中国人说话、做事、写文章会留下很多空白，留下很大的弹性，我们才可以随时应变。

领导，领导于无形，这个在现在就叫作“向上管理”。大家都知道英文有句话叫“How to handle your boss”，即你怎样去领导你的老板。但这种话在中国最好不要说，我不相信大家敢买一本《如何管理老板》这样的书放在你的桌上，如果你真的这样做了，老板就会请你无薪休假，而且休到公元2350年。向上管理，必须是无形的，让领导在不知不觉之中接受你的领导，而不是你摆明了要去领导他。诸葛亮就是这样不知不觉地领导了所有的人，他甚至领导了曹操，领导了孙权。

诸葛亮的影响力是无限地扩大的，这是一般人做不到的。诸葛亮进入刘备集团的时候，刘备并没有给他安排什么职务，这也是刘备很谨慎的地方，这也是来自关羽跟张飞的压力，所以他只是刘备的私人顾问而已，后来当他有好的表现刘备才正式称他为军师，这也是目前我们可以学习的招数。我作为董事长，看中谁，就先请他来当自己的私人顾问，然后看看他有什么好的表现，如果大家都能接受他，才给他一个大家都认为很合适的职位，这才顺理成章。

诸葛亮第一时间就说最重要的话，各位要记住，这是诸葛亮人生的一个重大转折点。诸葛亮没有答应刘备下山以前，他们平起平坐，因为我不一定要吃你的饭，我干吗委屈自己。可是当诸葛亮决定要下山追随刘备的时候，他跪下来称刘备为主公，从此以后他谨守本分，因为是他自己承诺的，没有人强迫他，他从此就扮演好一个下属的角色。所以他一下来就问刘备，如果我们这里守不住，我们还能退到哪里？刘备当时的处境十分落魄，他没有自己的地盘，惶惶如丧家之犬，只能到处跑，跑到最后已经没有路可走了。我相信各位都很清楚，刘备最讨厌的人就是曹操，最后被迫走投无路的时候还去投奔了曹操，然后再想办法逃出来，再也不敢去曹操那儿了。

所以诸葛亮这么一问，就问到刘备的心坎里去了。当然，诸葛亮没有说："主公，你现在已经无路可走了，你还是听我的吧，我给你留个余地。"这样说的话，老板明天就让你无薪休假。所以，我们说话的时候需要稍微拐弯抹角一点儿，对方才听得进去，单刀直入，开口就说直话，其实是死路一条。所以我们现在经常提倡"要说实话，说真话，有话就直说"，其实都是错误的。说话也是一门艺术，很明显，诸葛亮深谙此道。他说："请问主公，万一这里守不住，我们要去哪里。"刘备被问得哑口无言，"天下之大，没有我的一寸容身之地。"诸葛亮说："最好去荆州。"并且把出路都给安排好了，于是，刘备就安心了。从这里，我们也可以得到一个信息，诸葛亮的一生，都是先做后说。

刘表有两个孩子，他们为了权力和利益，长期以来，明争暗斗。当时，长子刘琦的势力处于弱势，他就来求刘备说："我的继母跟他们一家人都想置我于死地，你要救我。”刘备说：“这是你们的家务事，我不能管。”但是刘备也很高明，他说：“你请教诸葛亮好了。”因为他知道诸葛亮有能力应付这些人，诸葛亮也说：“这是你的家务事，我不能管。”

被拒绝之后，刘琦只有开始动脑筋了，你不方便，我要让你方便。刘琦就请诸葛亮到二楼，让随从把楼梯撤走。他们两个人，现在上不着天，下不着地，根本不可能有第三者能听到他们的谈话内容。刘琦说：“现在你可以告诉我怎么办了。”诸葛亮还是没有说，只告诉他一个故事，暗示他：你出走就有机会卷土重来，留在家就只有死路一条。刘琦是个聪明人，听懂了诸葛亮的意思，让他去江夏，将来刘备无路可走的时候就去投奔他。诸葛亮非常巧妙地把刘备的后路给安排好，然后才来问刘备怎么办，刘备当然是一筹莫展，诸葛亮就告诉他那边已经有条路了。大家想这样好的一个幕僚长，刘备怎么会不服他呢？一个人不要要求人家服你，要做到人家对你没有话说，“没有话说”这四个字是非常重要的，老板做到干部没有话说，干部做到老板没有话说，那还有什么话说？那就真的没话说。

曹操攻打荆州的时候，刘表去世了，他的小儿子刘琮就投降了。当时，刘备被打得溃不成军。他唯一的出路就是去投靠刘琦，然后鲁肃游说他完成了他和东吴联盟，一起去对抗曹操，联手演绎了非常有名的赤壁之战。纵观刘备的一生，大家有没有发现刘备最大的恩人是谁？是曹操。没有曹操，刘备什么都没有，但是刘备却专门攻打曹操。这是个非常有意思的事情。刘备没有得到曹操的引荐，怎么能当上皇叔？在刘备走投无路的时候，曹操开始来攻打江南，这才促使了孙刘联盟的形成，刘备因此得到了荆州。后来，也是因为曹操要攻打汉中，刘备才得到入川的机会。刘备一生中所有的机会都是曹操给的，但是刘备专门攻打曹操一个人，这个非常有意思，真的非常有意思，值得我们去思考，因为这当中有一只无形的手在操纵这些事情，我们只看到表象是很难了解实质的。诸葛亮的身份，用现在的话就叫作“空降部队”，他一下山，最先面临的挑战是谁？就是关羽跟张飞，他们两个不买账，对不对？

刘备没有碰到诸葛亮以前，他是没有明确的目标的，他不像曹操，曹操有明确的目标，曹操是不是要自立为王？我相信大家都心知肚明。可是刘备呢？如果刘备的目标是灭曹复汉，那他就应该锁定曹操，一门心思地打败曹操，他有没有这样做呢？有，但是他定位错误，因为刘备现阶段不是曹操的对手，如果他始终盯着这个目标，那他就痛苦一辈子，而且终将一事无成，甚至可能很快地就被曹操消灭掉。如果刘备像孙权一样割据称雄呢？孙权缺乏远大的理想，这是非常可惜的。虽然本来他也很有机会做出更大的业绩，但是他遇到的人都建议他防守，守住就好。于是，刘备只剩下一条路，他敢不敢自立建国呢？他不敢，这一点我们必须说明一下，在当时他自立建国成功的希望非常小，可是刘备碰到诸葛亮以后，他的思想发生了翻天覆地的变化，他要复兴汉室，要一统天下。大家有没有发现，中国人从来没有说过要统一天下，我们都倒过来说一统天下，这是什么道理？到底一统天下跟统一天下有什么不同？真的要好好去想一想，一统天下是文化的成果，统一天下是武力的结果，这两种说法是截然不同的。

中国人比较相信文化的力量，而不依赖武力战争。以色列为了建国敢明目张胆地去打仗，为什么？因为他们看到了时机。当金融危机爆发的时候，以色列想抓住机会，发动战争，在战争开始之前，他们第一个就想到美国会有什么反应，于是，他们就着手研究美国会怎么样。一个口袋空空的人首先要做的就是填饱肚子，哪有时间去说闲话管闲事呢？一个国家也只有在解决了老百姓的温饱问题之后才能去考虑其他问题。以色列这个时候不发动战争，什么时候发动战争？所以，金融危机所带来的最大的危险就是它很可能会引起第三次世界大战。很多人没有想那么远，整天在想那些表面的、肤浅的事情，这是很糟糕的。

我问各位，金融危机是好事还是坏事？你如果说还能是什么好事，当然是坏事，那你说话根本就没动脑筋。其实，答案很简单，你看它是好事，它对你来说就是好事；你看它是坏事，它对你来说一定是坏事，一切取决于你的态度。金融危机造成了财富的重新分配，很多人以前一贫如洗，这次抓住这个机会捞得盆满钵满。这次都是高科技的破产，大家想为什么会这样？

因为他们经营的都是可有可无的奢侈的东西，比如，以后大家会买新电脑，但我用旧的就好，我为什么要买新电脑，如果大家都是和我一样的想法，那新电脑一个也卖不出去，卖电脑的商家就要破产了。美国现在谁换新车？除非脑子坏掉的人。所以美国是计划要生产多少，就按照订单去生产多少，现在满山满谷的汽车卖不掉，然后又从日本进口了汽车，整个港口都是汽车，以致从人造卫星上看地球，就只能看到美国的汽车了。所以，美国的汽车已经贬值到买一部送一部，买坏的送好的，这种情况太糟糕了。

读历史不要死记硬背人名、地名或毫无意义的年代，而要懂得其中的道理。刘备是不可以正面和曹操发生冲突的，诸葛亮用一句话点醒了刘备，到底谁在领导谁，这里可以看出来。形式上，他接受刘备的领导；实际上，他完全在领导刘备。他确定的联吴抗曹的策略永远不能改变，一旦改变，曹操就得利，后来也因为刘备改变了这个策略，蜀国很快就灭亡了。

一个人所说的话，一定要禁得住后面不断地严格考验，如果你的话刚说完，就被旁人用三五句话证明是谬论，那你就彻底地完了。诸葛亮终其一生，所看的东西，所提出的策略，没有一点点错误，这才经得起考验。

以道领导比以术领导要高明，诸葛亮就是用道来领导，所以没有高低之分。在道的前面，没有所谓的长官部属；在道的前面没有所谓的尊贵贫贱。但是术就不一样了，术有高低之分，强弱之别。可是我们现在大部分人都在讲术，很少人能够接触到道的层次。

儒法兼用的领导艺术

诸葛亮做所有的事情都是将心比心。他是按照人情的常态来衡量事物的。我从这里就推断他不是法家，而是儒家！但很多人看他执法如山就说他是法家，其实错了，儒家也是重视法治的。我们一直认为只有法家才重视法治，儒家不重视法治，这是个误解。我今天讲得非常清楚，儒家跟法家最大的区别在哪里？两家都是注重制度，没有制度，不要谈什么管理。但是，儒家加上一条，就是立法的人要凭良心，执法的人要凭良心，司法的人也要凭良心。法家加上良心就等于儒家，这才是真正懂得儒家文化的人。如果儒家不讲法，不天下大乱了？做人规规矩矩最重要，那当然要重视制度，要守法！但是法治最可怕的是什么？首先，立法的人不凭良心，为自己谋私利。很多人立个法就为了方便自己，这个叫什么，用今天的话说叫作自肥。一立个法，我就胖了！一立个法，我财富就增加了！这是非常不得体的事情。其次，司法的人不凭良心。第三，执法的人不凭良心。如果明白了这点才是真正了解儒学的人。诸葛亮再三强调，一个人做任何事情都要大公无私，“我心如秤”，我的心像磅秤一样不能有轻有重。这一点我要说明一下，因为很多事情不稍微说明最后还是会引起很多的误会。同样是秤重量，西方人用的是什么？西方人用的是天平。天平从四面八方来看，平衡就是平衡，不平衡就是不平衡。中国人不用天平，我们用那个秤锤。这个秤锤厉害了！秤锤高一点儿也行，低一点儿也行，只要秤锤不掉下来就没有任何问题！所以我们这样也可以，那样也没错，没有一个确定的衡量标准。这是中国人很厉害的地方。一看我不认识你，秤锤就低一点儿。你说你怎么偏心！我怎么偏心？等会儿我的结拜兄弟来了，我秤不高一点儿，他会打我的！我每个人都同样对待，不破产才奇怪。所以我秤你这样，秤他那样，但我还是公平得很！这才是真正的中国人。你说你很公平，所有人都说你不公平！每个人都有不得已的苦衷。像这些事情，如果我们彻底搞清楚的话，我们在社会上就不会出差错。我们今天就是用西方的标准来看中国人，所以永远都看不懂。西方人认为你有、我有、他有，这是很公平的。中国人不一样。中国人拿到奖金的时候，一看两千块，高兴得不得了！很高兴啊，有激励作用。但他马上就会问别人：“你呢？你有没有？”外国人从来不问别人。外国人你问他，他也不会告诉你。中国人的特性就是很关心别人。“你有没有？”“有。”“多少？”“两千。”他就奇怪，怎么你也两千！连你都两千，那我拿两千，岂不是太委屈了吗？他们有没有？通通有，他就很不高兴。通通有就是不公平，怎么可以通通有呢？外国人是你有，我有，他有，公平。中国人是你们都没有我有，才公平！大家都有算什么公平呢！真正把中国人搞清楚了，你就过得很愉快。我心如秤，这个平是天平还是秤平？中国人绝对是秤平。因为亲疏有别，没有办法。西方人没有什么亲疏有别的概念，西方人都是一样的。

有一次，我们几个朋友去吃饭，进去要一个位置。服务员说：“位子已经预定出去了。”我们说：“预定出去，但他们没有来，你把牌子换一下就好了嘛，对不对？”服务员说：“人家已经定了，怎么可以换给你。”我的一个朋友就说：“我们是老顾客，经常来的。”服务员讲了一句话：“我们对待所有的顾客都是一律公平的。”他讲得非常对，但是我们几个人都气得要命，掉头就走，不吃了。在中国，说的话越对，听的人越生气，你相不相信？服务员说得绝对对，对待顾客本来就应该公平。对中国人只能说，你是老顾客，所以我特别对你好。这样，他才听得进去，因为我们亲疏有别。这一点大概很难改变。外国人不是这样，外国人对待顾客是一视同仁的。我再说一遍，尤其是现在，外面有很多想吃饭的人在外面排队。中国人跟外国人的做法就是不一样。外国人一定要你在外面等，它里面明明有空位。我在美国看过很多次，饭店里面明明有位置，就让客人在外面等。我就问饭店员工："那里面不是有空位吗？"他说："有。"我说："那为什么不能让他们进去？"他说："不可以。"我问："为什么？"他说："我们的服务员来不及接待了！这样服务水准会变差啊！所以我们宁可留着空位，也要让顾客在外面等，当我们可以照顾过来的时候，才让顾客进去。"这样做是对的，但中国人敢这样吗？饭店有空位，顾客根本就不征求饭店的同意，就自己进去坐下啦，还管你那么多！我举这个例子就是说明风土人情不一样，管理方式就会不一样，领导就不一样，没有谁对谁错的说法。

一切历史都是当代史。看《三国演义》，我们应该按照当时的标准来评断当时的人，不要用现在的标准，但是我们可以把它转化成现在我们应该吸取的教训，这个可以。

诸葛亮，他是儒法兼用。实际上，这个儒、法怎么区分，我觉得那是学术研究才有办法分辨清楚的。一个人有时候这样，有时候那样，他是会变的。开诚布公地说，诸葛亮又宽又猛。该猛的时候很猛，该宽的时候很宽。他严刑，但是不是暴政。严刑差一点儿就变成了暴政，就是说你该严的时候严，不该严的时候也严，那就是暴政了，严到底就是暴政了，松到底就是放纵。所以该严的时候要严，该松的时候要松。诸葛亮拿捏这个尺度，拿捏得非常好，值得我们学习！

曾仕强教授出版著作

序号	书名	定价
1	易经的奥秘使用手册	80.00
2	百家讲坛——易经的奥秘	30.00
3	易经的奥秘（完整版）	64.00
4	易经的智慧合集（精装典藏版）（全六册）	680.00
5	易经中的管理智慧	36.00
6	易经良基（共六册）	192.00
7	易经良基·中（共六册）	192.00
8	曾仕强详解道德经：道经	39.00
9	曾仕强详解道德经：德经	42.00
10	道德经的奥秘	36.00
11	道德经与罗浮山	39.80
12	长安家风	39.80
13	孝经给现代人的启示（新版）	35.00
14	孝就是道（新版）	35.00
15	坤道——曾仕强教做出色的中国女人（新版）	45.00
16	为官之道（新版）	35.00
17	为政之道	49.00
18	论语的生活智慧(上下)	64.00
19	论语给少年的启示(上下)	58.00
20	论语给青年的启发(上下)	68.00
21	曾仕强点评三国之道：论三国智慧（上下）	86.00
22	曾仕强点评三国之道全集（2016）	158.00
23	胡雪岩的启示（全新版）	45.00
24	曾仕强评胡雪岩	29.80
25	中华文化自信	45.00
26	我是谁	58.00
27	诸葛亮的启示	42.00